개혁 군주
조   조
난세의 능신
제 갈 량

개혁 군주 조조 난세의 능신 제갈량

초판 1쇄 인쇄 2012년 2월 1일   초판 1쇄 발행 2012년 2월 10일

지은이 윤태옥   펴낸이 연준혁

출판 4분사 편집장 이효선

제작 이재승

펴낸곳 (주)위즈덤하우스   출판등록 2000년 5월 23일 제13 -1071호

주소 (410-380) 경기도 고양시 일산동구 장항동 846번지 센트럴프라자 6층

전화 031) 936-4000   팩스 031) 903-3891

전자우편 yedam1@wisdomhouse.co.kr   홈페이지 www.wisdomhouse.co.kr

출력 엔터   종이 화인페이퍼   표지가공 이지앤비   인쇄 · 제본 (주)현문

값 15,000원   ⓒ윤태옥, 2012   사진 ⓒ윤태옥

ISBN 978-89-93119-40-4 03900

국립중앙도서관 출판시 도서목록(CIP)

개혁 군주 조조 난세의 능신 제갈량 / 윤태옥 지음.
— 고양 : 역사의아침, 2012
   p. ;   cm

감수: 김영수
참고문헌 수록
ISBN 978-89-93119-40-4 03900 : ₩15000

삼국 시대(중국)[三國時代]

912.033-KDC5
951.01-DDC21   CIP2012000395

개혁 군주 조조

난세의 능신 제갈량

윤태옥 지음 김영수 감수

역사의아침

• 일러두기

1. 본문에서 〈소설 삼국지〉는 나관중과 모종강의 『삼국지연의』를 비롯한 야사 또는 민간 전설 등 사실 史實과 거리가 있는 것을 통칭한 것이다. 〈역사 삼국지〉는 진수의 『삼국지』를 중심으로 한 사료 또는 사서 상의 내용을 통칭하는 의미로 사용했다.

2. 유비가 촉蜀 땅에 세운 한漢나라는 유방의 한漢나라와 구분하기 위해 촉한蜀漢으로 통일해 사용했다.

『삼국지』의 현장에서
인생과 역사를 음미하다

여행은 가장 재미있는 놀이며 가장 유익한 공부고, 가장 훌륭한 학교다. 세상이 넓은 것을 알 수 있고, 나와 다른 것을 목격하고 그 모든 것과 가슴을 열고 소통하고 융합할 수 있게 한다. 부모가 자식을 여행길로 떠밀지 않으면 자식을 방치하는 것이고, 자식의 여행을 허락하지 않으면 자식을 망치는 것이다. 스스로 여행을 꿈꾸지 않으면 꿈이 없는 것이고, 꿈꾼 여행길에 나서지 않는 것은 꿈을 버리는 것이다.

　외국에 나가 사는 국민이 가장 많은 나라는 어디일까. 해외교포의 수가 가장 많은 나라는 중국이고, 자국민 대비 해외교포의 비율이 가장 높은 나라는 이스라엘이다. 그리고 해외교포 거주 국가의 수가 가장 많은 나라는 다름 아닌 아시아 대륙 동쪽 끝자락, 조그만 반도에 갇혀 있는 대한민국이다. 많은 인구가 살기에는 땅이 너무 좁은 탓인지, DNA에 새겨진 유목민의 기질이 우성으로 발현된 탓인지는 알 수 없다. 우리에게 외국은 남의 나라가 아니라 '우리의 활동 무대'일 뿐이다. 이건 우리의 운명이다.

우리는 20세기 전반 50년, 온몸으로 거부했지만 결국 일본에 합방되어 피를 흘리며 살았다. 그다음 50년은 나라가 두 토막 난 채 남쪽의 우리는 미국과 피를 나눈 관계를 발판 삼아 피가 아닌 땀을 뿌리며 살아왔다. 이제 21세기 전반 50년은 중국과 돈을 나누면서 살아갈 수밖에 없는 처지다. 싫건 좋건 중국을 외면한 채 사는 건 우리의 5,000년 역사를 통틀어 불가능했고, 지금은 물론 앞으로도 그럴 것이다. 이것도 우리의 운명이다.

그래서 나는 누구에게나 중국을 재미있게 공부하고 즐겁게 여행하라고 권한다. 중국은 우리에게 삶의 무대이자 이웃이고 시장이며 놀이터고 학교이기 때문이다. 책에서 읽은 것을 길에서 되새기고, TV에서 본 것을 눈으로 다시 확인하면 재미있고 유익하기 때문이다. 학생이건 사회인이건 은퇴한 노년이건 중국을 여행하라고 권하고 싶다.

2011년 초 검찰과 법원은 도지사 모 씨의 공직을 박탈해 백수로 내던졌다. 그는 당분간 중국을 공부하겠다며 북경으로 떠났고, 나는 그를 찾아 기꺼이 밥을 샀다. 대한민국 차세대의 한 사람으로서 현명한 선택이라고 생각했기 때문이다.

〈소설 삼국지〉는 한국, 중국, 일본을 포함한 동아시아에서 누구나 알고 있고 또 친숙한 콘텐츠다. 그런 토대가 있기에 중국에 대해 '가벼운 공부'와 '즐거운 여행'을 겸할 수 있는 주제 중 하나가 『삼국지』다. 소파에 묻혀서, 카페에 앉아서, 아니면 공원에 엎드려 책 속으로 빠져드는 작은 여행도 좋다. 『삼국지』의 현장 몇 군데를 찾아다니며 인생과 역사를 음미하는 조금 큰 여행을 하면 물론 더할 나위 없겠지만.

언젠가 중국 사람과 교류하면서 『삼국지』 몇 대목을 아무렇지도 않게 이야기하거나, 『삼국지』 유적 몇 군데를 직접 답사한 여행 경험을 들려주면 바로 '친구'가 될 것이다. 나를 알아주는 이에 대한 놀라움과 반가움, 그것이 문화의 힘이요 매력이다. 중국에 대처하는 자세로 이 정도는 구비해야 하지 않을까.

어려서 읽은 〈만화 삼국지〉나 〈소설 삼국지〉가 아닌, 〈역사 삼국지〉를 되새겨보는 것도 '재미있는 인문학 공부'요, '흥미 있는 인물학 공부'가 될 것이다. 지난 1,800년 동안 간웅奸雄이란 말에 부당하게 포박당해 있던 '역사 속의 조조'를 꺼내보면 문학과 무예, 전술과 전략, 정치와 행정은 물론 후대 양성에 이르기까지 완벽한 팔방미인에, 의지와 신념까지 강고한 '시대의 영웅'을 만나게 된다.

춘추전국시대를 거쳐 달아오른 중원 문명을 진시황과 유방이 통일왕조로 이끌었으나, 전쟁광 한 무제가 40년 전쟁으로 국고를 탕진하면서 망가뜨리기 시작했다. 한 무제가 불붙인 중원의 망조는 왕망의 신나라라는 돌연변이가 구원투수가 나와 헛발질을 해대면서 더욱 깊은 내상을 입었다. 이렇게 끝없이 추락하는 중원을 되살리려 한 두 번째이자 마지막 구원투수가 바로 조조다.

그런데 세상에서 가장 출세한 샐러리맨인 제갈량이 오직 자신의 주군만을 위해 조조의 구원 역투에 맞서 유비와 손권의 연합을 이끌어냈다. 아니나 다를까, 이 연합군은 적벽전에서 핫코너를 찌르는 비수 같은 동점타로 조조의 상승세를 꺾어버렸다. 적벽전에서 주춤한 조조는 천하 통일의 기회를 잃었고, 그 후대는 사기꾼 사마의가 말아먹어 결국 진晉나라로 교체됐다. 그 진나라는 외적이 아닌 자기 친족, 곧 사마씨끼리 사생결단으로 치고받는 난타전을 벌인 끝에 자멸했다. 진나라의 뒤를 이어

송, 제, 양, 진이라는 남조의 네 나라도 더 이상 역사를 앞으로 밀어가지 못하고 퇴폐와 퇴행으로 일관하다 결국 탁발선비의 수 · 당제국에 먹혀 버렸다.

중원 몰락의 책임을 물어 제갈량을 비난할 수는 없지만, 이런 맥락에서 제갈량의 위상을 재평가하며 그에게 덧입힌 과찬의 무대복을 조용히 벗겨내 실제 제갈량의 모습을 음미하는 것 역시, 중국인이 아닌 한국인으로서 시도해볼 만한 흥미로운 인물학 공부가 아닐까 싶다.

이 글은 이런 맥락을 바탕에 깔고 조조와 제갈량을 찾아 중국 곳곳을 다니면서, '시대의 맥을 찾아 분투한 영웅 조조'와 '혼자서만 총명하고 시대가 아닌 자신의 주군에게만 충성한 제갈량'을 음미한 기행이다. 고백하건대 내용은 부실하고 깊이도 없으며 필자의 주관이 과도하게 앞선 글이다. 하지만 학자도, 전문가도 아닌 평범한 아저씨가 중국을 여행할 때 그저 여행사 깃발만 따라다니는 것보다 이런 주제를 허리춤에 걸고 다니는 것도 권할 만한 여행이란 생각에 용기를 내어 책으로 내기로 했다.

허접한 글에 부끄러움이 적지 않다. 그러나 애당초 중국이란 넓은 땅 낯선 길에 주눅 들지 않고 뚫린 길을 끝까지 가보겠다는 심산으로 배낭을 꾸렸듯이, 어리석은 자의 무식한 용기를 내세워 출판을 감행하니 그저 넓은 아량으로 헤아려주시기를 청할 뿐이다.

이 책은 필자가 2006년부터 지금까지, 1년에 6개월 이상 배낭 하나 메고 중국 곳곳을 돌아다닌 기록의 일부다. 물론 여행을 준비하던 메모에서 후기로 정리한 것까지 모두 2,000개에 가까운 블로그(blog.naver.com/kimyto) 포스팅도 있었고, 2009년 「인문기행 중국 7부작」, 2010년 「중국 문명기행 삼국지 4부작」, 2011년 「북방 대기행 바람의 제국을 가다

5부작」 등 매년 제작한 TV 다큐멘터리도 있다. 「북경 맛집 100」이란 애플리케이션과 34회에 걸쳐 『주간조선』에 연재한 「중국 음식기행」도 있지만 오롯이 필자의 이름으로 내는 단행본은 이 책이 처음이다.

흉노와 선비, 거란, 몽골, 만주족의 역사 현장을 찾아다니면서 동아시아 역사 전체를 관통하는 '북방'을 음미하는 「북방 대기행 바람의 제국을 가다」와 중국 곳곳의 음식에 그 지방의 문화와 역사를 양념으로 뿌린 「중국 음식기행」도 조만간 단행본으로 선보일 욕심을 부리고 있으나, 이 책을 통해 강호제현에게 충분한 가르침과 질책을 받은 후의 일이다.

이제 글을 마무리하면서 많은 사람을 떠올리게 된다. 오광현 도미노피자코리아 회장과 주원석 미디어윌 회장은, 필자가 무모하게 북경으로 건너간 이후 중국에서 지속적으로 배낭을 멜 수 있는 환경을 조성해주며 친구로서 격려를 아끼지 않았다. 박창영님도 적지 않은 도움을 주었다.

여행 기록을 단행본과 다큐멘터리로 만들어내는 데 30년 지기 정병국 의원과 김동진 MBC플러스 이사, 장근복 MBC플러스 사장, 문성길 스카이HD 대표의 격려가 큰 힘이 되었다. 이들이 필자의 등을 떠밀지 않았으면 아마도 게으름에서 빠져나오지 못했을 것이다.

『삼국지』를 읽고 이해하는 데는 몇 분의 스승에게 의존했다. 서성 열린사이버대학 교수는 학비 한 푼 받지 않고 많은 지식을 전수해준, 필자의 존경하는 친구이자 중국학 독선생이다. 『사기史記』 관련 저술을 여러 권 펴낸 김영수 선생은 TV 다큐멘터리 「중국 문명기행 삼국지」에서 기꺼이 프리젠터를 맡아주고, 이 부실한 글을 꼼꼼히 감수까지 해주셨으니 다시 한 번 감사드린다.

옛 상사이자 글을 쓴다는 것이 무엇인지 알게 해준 소설가 김한길님,

보잘것없는 글에 추천의 말씀까지 써주셨으니 곱으로 감사할 따름이다.

훌륭한 저술을 통해 가르침을 나눠준 분들에게도 감사 인사를 드리고 싶다. 박한제 서울대학교 동양사학과 교수는 『영웅시대의 빛과 그늘』, 『강남의 낭만과 비극』, 『제국으로 가는 긴 여정』이라는 3권의 역사 기행을 통해 역사를 걷고 음미하는 법을 가르쳐주셨으니, 나에게 좋은 길잡이가 되어준 스승이다. 손호철 서강대학교 정치외교학과 교수는 『손호철의 세계를 가다─레드 로드』를 통해 필자의 중국 여행을 응원해준 스승이다. 북방의 역사를 명쾌하게 이해하게 해준 『유라시아 대륙에 피어났던 야망의 바람』의 저자 박원길 칭기즈칸연구센터 소장 역시 내게는 고마운 스승이다.

이 글과 같은 소재를 리더십이라는 다른 관점으로 다룬 TV 다큐멘터리 「중국 문명기행 삼국지」 제작에 함께해준 동료들도 잊을 수 없다. 김영수 선생은 열악한 제작 여건에도 기꺼이 프리젠터를 맡아주셨고, 「미녀들의 수다」로 한국에서 더 유명한 중국인 손요 양도 출연자의 역할 이외에 제작 기간 내내 중국인의 『삼국지』 감상법을 가르쳐주었다. 연출과 촬영, 편집을 맡은 정윤상 PD와 심우찬님, 최윤기님, 필자가 두서없이 끄집어낸 수많은 『삼국지』 관련 이야기를 잘 쓸어 담아 맛깔스럽게 구성해준 양은수 작가와 박미주님, 제작 과정 내내 제작팀을 지원해준 전동윤 프로듀서도 이 책이 세상의 빛을 보게 도와준 분들이다. 중국 현지에서 『삼국지』 유적을 함께 누비면서 많은 역사 이야기를 나눈 문석빈 선생의 도움 역시 잊을 수 없다. 귀주성 여행길에서 만난 인연으로 허창 곳곳을 안내해준 중국인 친구 최지민崔志民 씨의 도움도 컸다.

〈삼국지 기행〉을 그때그때 메모해서 블로그에 올리면 하나하나 읽고 응원해준 많은 네티즌에게도 깊이 감사드린다. 네이버에 블로그를 개설

한 지 3년인데 방문자가 80만 명을 넘었으니 일일이 감사하다는 말을 전할 도리가 없어 지면으로 대신함을 양해해주길 바랄 뿐이다.

그리고 부족한 글과 허접한 사진을 잘 어루만져 '좋은 책'이라는 새로운 창작품으로 만들어낸 출판사 위즈덤하우스에도 깊은 감사의 뜻을 전한다.

끝으로, 저자 서문에서 마누라 운운하면 팔불출 같아 보였으나, 막상 나 자신이 첫 번째 단행본을 마감하려고 하니 역시 '불출별곡'을 부르지 않을 수 없다. 돈 되는 일에는 능력이 없고 돈 안 되는 일에만 취미가 붙어서 6년째 중국 곳곳을 싸돌아다니고 있건만, 싫은 소리 한번 하지 않고 가정을 지키며 못난 서방 응원까지 해주었으니 어찌 감사의 절을 올리지 않을 수 있겠는가.

훗날에도 남을 이 지면을 빌려 아내 김현란에게 깊이 감사하고, 내 인생에서 스스로 해낸 가장 잘한 일은 이분을 마님 자리에 모신 것이라는 사실을 가감 없이 고백한다.

2012년 새해를 맞으며
암사동에서 윤태옥

차례

3부 제갈량 기행

사실과 허구의
경계를 걷다

사람마다 『삼국지』를 접하게 된 루트가 있다. 월탄 박종화나 정비석의
『삼국지』로 시작한 이들이 있는가 하면, 김구용·이문열·김홍신·황석
영 등 현대 거물급 작가가 재해석한 『삼국지』를 애독한 이들도 있고, 책
이 아닌 드라마나 영화, 게임에 열광한 이들도 있을 것이다. 그런가 하면
고우영 화백의 〈만화 삼국지〉와 더불어 유년기를 보낸 이들도 있다.

어떤 루트를 통했건 『삼국지』만큼 오랜 역사를 지녔으면서 중원中原이
라는 공간과 1,800년이라는 시간을 넘어 오늘날까지 대중적으로 생생하
게 살아 숨 쉬는 콘텐츠를 찾기란 쉽지 않다.

역사 기록으로서 중국의 삼국시대는 '유방劉邦이 세운 한나라가 망해
가는 시기에 각 지역의 군벌이 들고일어났다가 조조曹操·손권孫權·유
비劉備라는 세 군벌로 압축되고, 이어서 한나라 황실을 폐한 뒤 각각 위
魏·오吳(동오東吳)·촉蜀(촉한蜀漢) 3국으로 재편되어 패권을 놓고 쟁투를

중국어로 번역 출판한 고우영의 〈만화 삼국지〉.

벌인 시대'라고 요약할 수 있다. 시기로 보면 한나라의 마지막 황제를 꼭
두각시로 세운 기원후 189년부터 위나라를 집어삼킨 진晉나라가 오나라
를 정벌한 280년까지 90여 년 동안이다. 지금으로부터 1,800여 년 전에
벌어진 이 시대의 여러 사건을 '역사'로 기록한 것이 진수陳壽의 『삼국지』
로, 중국에서 정사正史로 인정받고 있다. 말하자면 거짓이나 오류가 많지
않고 실제 있었던 역사를 기록한 사실史實인 셈이다.

　하지만 대부분의 독자가 접해온 『삼국지』는 〈소설 삼국지〉다. 원나라
말기 나관중羅貫中이 천여 년간 민간에 전해져 내려오거나 저잣거리의
이야기꾼[說書人]들이 재미있게 각색하고 마음대로 덧붙인 토핑을 〈역사
삼국지〉라는 큼지막한 도우 위에 넉넉하게 뿌려 『삼국지연의三國志演義』
라는 맛있는 피자로 만들어냈다. 그 후 명나라 말기 모종강毛宗崗이 나
관중의 〈피자 삼국지〉를 다시 상업 출판이라는 대량생산 시스템을 통해

원나라 지치至治(1321~1323년) 연간에 출간된 『신전상 삼국지 평화』.

업그레이드해서 오늘날의 〈소설 삼국지〉라는 대박 피자로 만들어낸 것이다.

연의演義란 중국어 사전에 따르면 '역사에 야사野史를 부연하고 예술적으로 가공해 만들어낸 일종의 통속적 장편소설'이다. 그러니까 1,800년 전 일을 토대로 1,000년 넘게 이리저리 구전되어온 이야기를 600년전 사람이 모아 소설로 각색하고, 그것을 300년 전 사람이 재각색한 것이 오늘날의 〈소설 삼국지〉다.

〈역사 삼국지〉와 달리 〈소설 삼국지〉는 좋은 말로 문학적 허구이며, 쉬운 말로 하면 뻥튀기 수준의 거짓말 범벅이다. 소설이니 당연히 그럴 수밖에 없고, 또 그렇기 때문에 오랜 세월 동안 많은 독자에게 사랑받으며 '문학적 완성도가 높은 위대한 고전소설'로 우뚝 설 수 있었을 것이다.

그렇다면 〈역사 삼국지〉와 〈소설 삼국지〉는 구체적으로 어떻게 다를까? 간단한 예로 〈소설 삼국지〉 초반에 관우關羽가 동탁董卓의 장수 화

관우와 화웅의 결투 장면. 사실 화웅을 벤 사람은 관우가 아니라 손견이다.

웅華雄을 단번에 베어버리는 장면을 들 수 있다.

싸우러 나가는 관우에게 조조가 뜨거운 술을 한 잔 권한다. 관우는 상대의 목을 베고 와서 마시겠다고 한다. 그러고는 정말 화웅의 목을 베고 돌아와 술잔을 들었는데 그때까지 술이 식지 않았다는 것이다. 이 대목에서 독자들은 '캬아~' 하며 무릎을 치게 마련이다. 관우가 중원의 내로라하는 군벌 수장들 앞에서 멋지게 데뷔전을 치른 것이다.

그런데 〈역사 삼국지〉에 따르면 이 대목은 완전히 거짓말이다. 역사서에는 화웅을 죽인 사람이 관우가 아닌 손견孫堅으로 기록되어 있기 때문이다. 당시 관우는 유비라는 별볼일없는 중급 장수의 휘하에 있는 초급 장교 수준에 지나지 않았다.

소설은 특정 주인공의 캐릭터를 인상 깊게 부각시켜야 스토리가 힘을 얻을 수 있다. 이야기를 좀 더 재미있게 만들어야 하는 입장에서는 관우라는 캐릭터를 확실하게 키워줘야 했을 것이다. 그리하여 〈소설 삼국지〉

전편에 걸쳐 관우는 무예, 의리, 충성, 청렴 등 모든 면에서 범인의 수준을 훨씬 넘어서는 인물로 묘사된다. 이 과정에서 관우 주변의 조연이나 단역은 자신의 전공마저 관우에게 빼앗기는데, 손견이 바로 그런 예라고 할 수 있다. 〈소설 삼국지〉에는 "손견도 화웅에게 패하여 (동탁의 군대에 맞서는) 연합군이 앞으로 나아가지 못했다"고 묘사되어 있다. 사실은 용맹한 젊은 장수 손견이 화웅을 죽였지만, 관우의 화려한 데뷔를 위해 작가가 손견을 어리벙벙한 중급 미만의 장수로 깎아내린 것이다. 이걸 꼼수라고 한다면 이런 꼼수 비빔밥도 없을 것이다.

〈소설 삼국지〉에는 이런 사례가 숱하게 나온다. 그래서 소설이고, 그렇기 때문에 『삼국지』를 읽을 때 소설적 허구와 역사적 사실을 대조하면서 음미하는 제3의 독서가 필요하다.

물론 〈소설 삼국지〉의 내용이 허구라는 이유로 비난만 할 일은 아니다. 그것은 흥미로운 역사 드라마를 보면서 배우들의 말 한마디, 의상 하나하나까지 역사와 일일이 대조해보겠다는 '어리석은 감상법'과 다르지 않기 때문이다. 오히려 허구인 소설을 통해 재미와 감동을 느끼면서 동시에 역사적 사실을 통해 지식의 균형을 잡아가는 감상법이 조금 더 현명하지 않을까?

그런 의미에서 필자는 『삼국지』의 무대를 직접 걸어보기로 했다. 이 기행은 사실과 허구의 경계선을 따라 걷는 여행이 될 것이다.

오늘날 중국의 삼국시대 유적은 〈역사 삼국지〉와 〈소설 삼국지〉가 마구 뒤섞인 채로 남아 있다. 소설의 허구를 토대로 만들어놓은 '소설의 유적지'와 실제 역사를 기록한 '역사 유적지'가 혼재되어 있는 것이다. 가령 유비·관우·장비의 도원결의桃園結義를 재현해놓은 것은 소설의 내용을 차용해서 만든 '소설 유적지'에 가깝고, 주유周瑜가 조조의 군대를 화공으로 격파한 적벽은 '역사 유적지'인 셈이다. 또 화타華陀의 사당에 〈소설 삼국지〉의 한 대목을 그린 그림이 역사적 사실처럼 전시되어 있는 것은 소설과 역사가 묘하게 섞인 상태라고 할 수 있다.

사실과 허구 또는 현실과 판타지의 경계를 걷는 이 여행은 조조와 제갈량諸葛亮이라는 두 축을 중심으로 한다. 〈역사 삼국지〉의 주인공은 어디까지나 조조고, 〈소설 삼국지〉의 주인공은 제갈량이기 때문이다. 물론 『삼국지』에는 관우·장비·유비·손권·주유 등 쟁쟁한 주연이 득실대는 것처럼 보이지만, 천하 통일이라는 하나의 대업을 향해 가는 거대한 드라마를 놓고 볼 때 거의 모든 전쟁과 전투를 이 두 인물이 수행했기 때문이다. 또 소설적 장치로 '선악 또는 피아彼我의 구분'을 뚜렷이 하기 위해 가장 크게 왜곡한 인물도 바로 조조와 제갈량이다. 결국 사실과 허구 사이를 걷는 『삼국지』 기행의 여정은 이 두 인물에 대한 새로운 시각을 찾아보고 현장에서 이를 확인해보는 여행인 셈이다.

1부

『삼국지』
그 전과 후

『삼국지』가 재미있는 것은 음미하는 감상법이 다양하기 때문이다. '〈소설 삼국지〉 속 무장 가운데 누가 가장 고수일까? 누가 최고의 미인을 차지했을까? 누가 제일 총명한 참모였을까?' 같은 통속적인 접근도 꽤 재미있다. 무대 위의 수많은 출연자를 이리 찧고 저리 빻는데 〈소설 삼국지〉는 참으로 풍부한 재료를 제공한다.

조조와 제갈량, 손권, 유비 등의 개성 있는 리더십을 분석해 오늘날의 조직 문화에 적용하고 대입해보는 것도 21세기 들어 인기 있는 『삼국지』 해석학 중 하나다. 〈소설 삼국지〉와 〈역사 삼국지〉의 차이를 찾아 하나하나 확인하는 것 역시 인문학적으로 매우 흥미로운 접근 방법일 것이다.

그런가 하면 좀 더 거시적 맥락에서 조조와 제갈량을 음미해볼 수도 있다. 중국 역사 전체가 아닌 〈소설 삼국지〉만 건져내 읽은 독자라면 '삼국시대 전에 어떤 일이 있었기에 삼국으로 분열돼 목숨 건 쟁투를 벌였는지, 제갈량도 조조도 모두 죽은 뒤에 중원은 어떻게 되었는지' 잘 모를 수 있다.

역사의 거대한 흐름으로 보면 한 시대의 각론에 불과한 『삼국지』가 아닌, 시대의 정신이나 시대의 영웅 같은 서사시 또는 거대 담론을 읽을 수 있다. 조조와 제갈량을 만나러 가는 여행길에서 이런 감상법을 빼놓을 수 없다.

이런 맥락에서 필자의 머릿속에는 '몰락해가는 중원을 구하려 한 시대의 영웅 조조'와 '자기 주군만을 위해 역사 진보에 대못을 박아버린 반동 책사 제갈량'이 서서히 떠오른다. 과연 어떤 이유에서 이런 발칙한 생각이 떠오른 것일까.

『삼국지』 전후 수백 년의 흐름을 짚어보고, 그 1,000년의 흐름 속에서 필자가 느낀 조조와 제갈량의 모습을 꺼내보고자 한다.

동아시아를 관통해온 남북의 충돌

조조와 제갈량의 시대 그 이전과 이후를 관통하는 하나의 거대한 흐름이 있다. 동아시아 대륙에서 벌어진 북방과 남방의 충돌과 교류 그리고 융합이 그것이다. 북방에서는 비록 인구는 적지만 유목민이 광활한 초원을 달리고 있었다. 남방에서는 중원으로 요약할 수 있는 농경문화를 이루고 있었다.

동아시아의 역사는 흉노제국과 진秦·한漢제국의 충돌로 그 윤곽을 드러내기 시작했고, 이 충돌은 전국시대부터 수백 년간 지속됐다. 그 뒤 중원은 위·촉(촉한)·오(동오)의 삼국시대를 거쳐 진晉나라가 통일했지만 통일하자마자 망하면서 북방은 5호16국에 이은 북위北魏와 북조北朝, 그리고 남방은 동진東晉과 남조南朝로 각각 다르게 이어졌다.

그러나 남방은 새로운 주도권을 생산해내지 못했고, 북방은 북위를 계승한 탁발선비의 왕조 수·당제국이 남방까지 무너뜨리고 대륙을 통일하면서 '호한융합胡漢融合'의 이념으로 거대한 제국을 이뤘다. 흉노와 진·한이 사생결단의 전면전으로 남북 모두 몰락의 수렁으로 빠뜨린 반면, 수·당은 남북을 융합해 거대한 제국을 세움으로써 새로운 역사를 창출해냈다.

당나라가 수명을 다하자 송나라가 통일왕조로서 잠시 동아시아 역사의 주도권을 잡는 듯했지만, 이내 거란(요)과 여진(금)이 강성해지면서 남북 또는 호한의 융합이 아닌, 북방이 중원을 정복하고 경영하는 형국이 됐다. 그리하여 중국 역사에서 거란의 요나라는 '최초의 정복왕조'로 평가받는다.

이 정복시대는 거란·여진으로 선수를 교체하면서 이어지다 북방의 신진 세력인 몽골(원)의 깃발 아래 동아시아뿐 아니라 중앙아시아와 중동, 동유럽까지 포괄하는 거대한 세계제국으로 꽃을 피웠다. 몽골제국이 쇠약해지자 이번에는 남방 세력이 원나라 왕조를 북으로 밀어내면서 명나라를 세워 주도권을 잡았다. 명나라는 북으로 장성을 쌓고 남으로는 정화鄭和의 모든 항해 기록을 폐기하면서 쇄국으로 버텼다.

이백 몇십 년 후 명나라 역시 수명이 다했고, 북방의 신흥 강자 여진족(만주족)이 대륙의 중앙으로 진출하면서 청나라를 세워 주도권을 잡았다.

남북 갈등의 역사가 곧 동아시아 역사의 축인 셈이다. 조조와 제갈량의 시대를 기준으로 보면 그들의 과거 역사는 흉노 대 진·한의 '정면 충돌 시대'였고, 그들의 후손은 위진남북조라는 복잡하게 뒤엉킨 혼란스러운 모색기를 거쳐 수·당이라는 '호한융합의 시대'를 이어갔다.

과연 어떤 충돌이었고, 어떤 융합이었을까. 그 중간에서 조조와 제갈량은 어떤 좌표에 자리매김했을까.

중원과 유목제국의 갈등

아주 오랜 옛날, 멀리 아시아 대륙 북방에 거칠고 드센 종족이 살고 있었다. 그들은 '생김새도 괴이하고 습성도 야만적'인 데다 틈만 나면 쳐들어와 사람들을 해치고 약탈을 일삼았다. 중원의 역사 기록이나 우리 역사 교과서에서 멸시하고 비하해온 그들은 '오랑캐'라 불렸다. 강감찬 장군이 귀주대첩에서 무찌른 거란, 윤관 장군이 함경도에서 정벌한 여진, 그리고 삼별초가 항거한 몽골, 광해군의 중립 외교와 인조의 반청 정책으로 전란의 소용돌이로 빠지게 되는 만주족⋯⋯. 이들 모두가 오랑캐다.

그러나 단순히 오랑캐라는 한마디로 무시해버리기엔 그들이 세운 제국과 역사가 너무 거대하다. 흉노, 선비, 거란, 몽골, 여진 등 북방의 다섯 오랑캐가 세운 국가와 왕조를 보라. 동아시아 최초의 유목제국인 흉노제국, 후룬베이얼 초원에서 출발해 서남으로 이동한 뒤 북위를 세워 북중국을 통일하고 동아시아 최초의 국제국가 수·당을 세운 탁발선비, 중국사 최초의 정복왕조 요를 세운 거란, 그리고 설명이 필요 없는 세계사 최초의 세계제국 몽골, 황금의 나라 금나라와 동아시아 최대의 패권 국가 청을 세운 여진(훗날 만주족으로 개칭함)⋯⋯. 이들은 모두 동아시아 역사에 위대한 족적을 남긴 왕조다. 북방의 척박한 환경에서 유목과 수렵으로 살아온 그 미개한 '오랑캐'들이 어떻게 이런 제국을 세울 수 있었을까?

기록상에 흉노가 본격적으로 등장하는 것은 기원전 3세기경부터다. 물론 이것은 관찰자 시점, 곧 중원이 남긴 기록상에 처음 나타났다는 의미다.

100여 개의 도시국가가 전후좌우로 부딪치며 아옹다옹한 춘추시대(기원전 770년~기원전 403년)를 거쳐, 덩치 큰 일곱 나라 사이에서 전국이 전쟁통이던 전국시대(기원전 403년~기원전 221년)를 지나 마침내 진시황의 통일왕조 시대로 넘어가던 무렵, 북방 초원에서도 비슷한 통일 과정이 진행되고 있었다. 오르도스(황하가 북으로 흐르다 동으로, 다시 남으로 흐르면서 서 · 북 · 동 3면을 둘러싼 지역)와 몽골 고원을 중심으로 여러 부족 간에 갈등과 통합을 반복하며 기마문화와 철기문화를 발전시켜온 그들 역시 초원이라는 환경에 맞춰 마침내 유목제국을 건설했으니 이들이 바로 '흉노'다. 그리하여 동아시아는 남쪽의 진 · 한이라는 중원의 제국과 북방을 아우르는 초원의 제국 양자 구도로 정리되며 이후 숱한 긴장과 갈등, 통합의 역사를 이어가게 된다.

화친? 유방의 굴욕

진시황이 중원을 통일한 뒤 기원전 215년, 전국시대에 조趙나라에 패해 북으로 밀려난 흉노가 다시 힘을 키워 남으로 내려오기 시작했다. 이에 진시황은 본격적인 북벌을 단행해 이들을 오르도스의 북쪽으로 밀어냈다. 그리고 흉노의 발상지인 오르도스에 구원군九原郡을 설치하고, 그 아래 33개 현으로 행정조직을 정비한 뒤 3만여 명의 내지인을 이주시켰다. 흉노의 고토를 집어삼키려는 심산이었다. 그래도 여전히 불안감이 가시

지 않아 진시황은 전국시대에 조趙 · 진秦 · 연燕나라가 남하하는 흉노를
저지하기 위해 쌓은 북방의 성벽을 이어 붙여 정비하니, 이것이 바로 만
리장성이다.

몽골 고원으로 밀려난 선우單于(흉노의 군장) 두만頭曼은 이때부터 10여
년 동안 세력을 키우며 절치부심한다. 중원에서 진나라가 한나라로 교체
되는 혼란기에도 그저 지켜보기만 한 흉노는 두만의 아들 묵돌[冒頓]이
'시대의 영웅'으로 등장하면서 다시 일어서기 시작했다. 진 · 한 교체기를
틈타 묵돌선우는 동쪽으로 출병해 동호東胡의 왕을 제거한 뒤 남쪽으로
진군해 빼앗긴 오르도스 지역을 되찾았다.

기원전 202년, 항우項羽와의 대결에서 역전승을 거둔 유방은 진나라의
껍데기를 한나라로 뒤집고 황제 자리를 접수한다. 중원의 정치적 혼란이
정리되었으니 이제 북쪽의 흉노가 남았다. 유방은 나름 결단을 내린다.
'역발산기개세力拔山氣蓋世의 항우도 물리치고 드디어 중원의 패권을 잡
은 내가 진시황보다 못할 게 무엇이겠는가?' 하며 진시황이 오르도스를
정벌했듯 자기도 흉노를 폼 나게 무찔러 온 세상에 힘을 과시하겠노라고
생각한 모양이다. 쿠데타에 성공하면 눈에 보이는 성과를 내서 안팎에
과시해야 하는 것은 어느 시대나 마찬가지다.

기원전 200년, 유방이 친히 정벌에 나섰다. 영리한 묵돌선우는 찔끔찔
끔 패하는 척하며 북으로, 북으로 도망쳤다. 기고만장한 유방이 내친김
에 전속력으로 추격하자 묵돌선우는 별안간 뒤돌아서 반격해 유방을 백
등산白登山에서 포위해버렸다. 묵돌의 함정에 빠진 것이다. 승기를 틀어
쥔 묵돌선우는 한나라와 지속적인 약탈 관계를 유지하기 위해 포위망을
터준다. 유목민은 농경민을 죽여 없애지 않고 계속 농사를 짓게 하면서
약탈과 교역을 통해 자신들에게 필요한 물자를 지속적으로 조달하려 한

것이다. 잽싸게 도망친 유방은 곧장 사신을 보내 묵돌선우에게 화친조약을 맺자고 제안했는데, 이것이 곧 '백등산의 굴욕'이다. 양측이 합의한 내용은 유방의 공주와 함께 황금 천근을 일시불로 묵돌선우에게 바치고, 이후 해마다 상당량의 목화·비단·술·음식 등을 조공하는 것은 물론 국경 시장[互市]을 열어 양측의 교역을 보장하는 것이었다. 유목민에게 가장 중요한 것은 이 국경 시장을 통한 교역이었다. 이후 70년쯤 지속된 이 흉노 절대 우위의 관계를 한나라 쪽에서는 애써 '화친和親'이라고 표현하고 있다. 이미 문자를 사용하고 있던 문명인이 만든 말의 유희에 지나지 않는다. 말이 화친이지 사실상 전쟁을 피하기 위해 머리를 조아리고 돈과 명예를 바친 것이다.

한 무제 - 중원의 전성기인가, 암흑기의 시작인가

한나라는 흉노에 해마다 조공을 바치며 굴욕적인 화친 관계를 이어갔지만, 이 기간에 안으로 부강해졌다. '먹을 것이 남아돌아 내다버리고, 돈이 떨어져 있어도 주워가지 않을 만큼' 살림살이가 풍족해진 가운데 아주 영특한 황태자가 황제로 등극하는데, 그가 바로 한나라 제7대 황제인 한 무제 유철劉徹이다. 한나라의 전성기를 구가한 장본인이다.

한 무제는 흉노에게 휘둘리기만 하던 굴욕적인 관계를 역전시키기 위해 면밀히 준비를 해나갔다. 그 가운데 하나가 장건張健의 서역사행이다. 흉노의 서쪽, 오늘날 신장성 지역에 있는 월지月支(또는 月氏)와 흉노를 협공하기 위해 장건을 사신으로 보낸 것이다. 그러나 이 군사외교는 실패로 끝나고, 13년 만에 겨우 살아 돌아온 장건은 월지와의 동맹 대신 '실크로드'라는 부산물을 중원에 알리게 된다.

흉노에 대한 대대적 반격을 착실히 준비해온 한 무제는 기원전 133년 드디어 출병한다. 당시 흉노는 최고 영웅인 묵돌선우가 40여 년 전 세상을 떠 군신軍臣선우가 뒤를 이은 상태였다. 정면 대결을 피하면서 흉노의 약점을 파고든 한 무제는 오르도스 지역을 장악해 첫 성과를 낸 뒤 엎치락뒤치락 이어진 전투 끝에 오늘날 감숙성과 내몽골 중부 지방까지 영토를 확장하기에 이른다. 그렇게 영토를 확보했으면 이제 그것을 잘 보존할 전략을 세워야 하는데, 한 무제는 마치 전쟁광이라도 된 것처럼 끝없이 출병을 명령했다. 당대에 끝장을 내야 한다는 강박관념에 사로잡힌 듯 자그마치 40년 동안 전쟁을 몰아붙였다. 그 결과 한나라의 국력은 쇠약해질 수밖에 없었다. 유방 이후 굴욕적인 화친 관계로 전쟁을 피하며 쌓아둔 국고를 탕진해버린 것이다. 이 기간에 4,000만이던 한나라의 인구가 딱 절반인 2,000만으로 줄어버렸다. 누구를 위한 전쟁이고 누구를 위한 승리인지 알 수 없는 지경이 되었다. 이런 와중에 한 무제의 무모한 북방 정책을 정면으로 비판한 사마천司馬遷은 참혹한 궁형을 당한 뒤, 후세의 교훈을 삼기 위해 피눈물을 흘리며 중원의 역사를 기록하기 시작했으니, 그것이 바로 『사기史記』다. 기원전 87년 한 무제가 54년의 재위 기간을 끝으로 눈을 감고서야 중원과 초원 간의 40년 전쟁은 양측에 치명상을 남긴 채 무승부로 막을 내렸다.

오랑캐는 강했다. 장성 남쪽 중원에서는 북방 정책을 논할 때마다 온건파 내지 주화파가 "북방 오랑캐는 새 떼와 같다"며 전쟁을 피했다. 새 떼는 기동성이 뛰어나 잡아봐야 몇 마리에 지나지 않으며, 날아가 흩어지면 그나마도 잡을 수 없을뿐더러 돌아올 땐 다시 떼 지어 날아온다. 결국 한 무제는 그 무서운 새 떼와의 전쟁을 포기할 수밖에 없었다. 40년 전쟁의 결과는 참혹했다. 농경사회 최악의 망조인 유민流民이 폭증하고, 외척과 관료, 환관과 황제 사이의 권력쟁투가 끊임없이 이어졌으며, 삼국시대가 될 때까지 백성들만 고통스럽게 죽어나갔다. 영토를 확장한 것이 한 무제의 치적이라고 하지만 속으로 골병이 들었고, 그 섣부른 승리가 오히려 수백 년간 이어지는 '중원의 암흑기'를 불러왔다.

그렇다고 무너지고 병든 중원 문명을 개혁하고자 하는 시도가 없었던 것은 아니다. 중원 문명의 부활을 위해 들고일어난 자들이 있으니, 신新나라를 세운 왕망王莽과 삼국시대의 조조가 그 주인공이다.

중원 문명,
퇴행의 나락으로 떨어지다

이상주의자 왕망의 어설픈 개혁

한나라는 전한前漢과 후한後漢으로 나뉜다. 왕망의 신나라가 중간에 끼어 있어서 그렇다. 비록 기원후 8년부터 23년까지 15년에 불과하지만 그래도 그 기간은 엄연히 신나라 시대였다. 그러나 황족인 지방 호족 유수劉秀가 군을 일으켜 왕망을 무너뜨린 뒤 황제 자리에 올랐고, 그때부터 후한시대가 되었다.

왕망은 황후 집안 출신으로 비교적 늦게 출세했지만 유교적 이상주의에 맞는 '깨끗한 선비'로 존경받아 신분이 수직 상승했다. 왕망이 '깨끗하다'는 이유만으로 벼락출세할 정도로 한 무제 이후 관리들이 부패했다는 것을 생각해보면 중원 문명의 몰락을 쉽게 짐작할 수 있다. 그는 국가가 귀족의 토지를 몰수해 자영농에게 나눠주는 이른바 왕전제王田制로 농지 제도를 개혁하고, 화폐 개혁과 노비 매매 금지 등 과감한 개혁 정책을 펼쳤지만 모두 실패하고 만다. 말과 꿈은 현실을 뛰어넘어 허공에서 춤췄고, 정책은 실행력이 없고 앞뒤도 맞지 않아 좌충우돌하다 지리멸렬에 빠져버렸다. 게다가 흉노와의 전쟁에서 얻은 서역도 이탈하고 동쪽으로는 고구려와 충돌하는 등 안팎으로 더욱 힘들어진 데다, 스스로 황제의 자리에 성급하게 오른 결과 지방 호족들의 반란을 불러와 끝내 부하에게 살해당하고 말았다.

한 무제가 망가뜨린 중원 문명을 되살리려 했지만 왕망의 실패로 오히려 반개혁 역풍만 더욱 거세졌다. 왕망을 무너뜨린 유수가 호족들의 자금과 세력을 기반으로 황제가 되었으니, 후한은 출발부터 귀족사회였다. 왕망의 어설픈 개혁 정책은 개혁이란 말 자체가 부끄러울 만큼 실패로 끝나고, 후한은 175년의 암흑기를 거친 뒤에야 또 한 명의 개혁가를 만나게 된다. 그가 바로 〈역사 삼국지〉의 주인공 조조다. 그리하여 〈소설 삼국지〉가 "도처에 황건적이 출몰하면서"로 시작하는 것이다. 황건적은 중원 문명이 몰락하고 황실과 관료의 부패가 극에 달하자 더 이상 땅에 붙어 살 수 없게 되어 울면서 농토를 버리고 떠난 유민들이다.

두 번째 구원투수 조조

한나라 환관 집안에서 태어난 조조는 부패한 사회의 '기득권 나눠 먹기 관행'을 타고 21세에 낙양의 북부위(요즘의 경찰서장)로 관직에 나갔다. 그러나 그 직을 수행하면서 당시 세력가인 환관 집안의 한 사람을 '법대로'

사형에 처했다. 조조의 신념은 '법대로'였다. 상대가 아무리 막강한 권력을 손에 쥔 세력가라 할지라도 가차 없이 법대로 집행했으나, 결국 그들의 눈 밖에 나 좌천당한다. 후에 제남의 상相이 된 뒤에도 그는 백성을 괴롭히는 악폐를 철폐하며 법대로 밀고나갔으나 다시 부패 관리들의 무고에 뜻이 꺾인다. 반동탁 연합군에 참여하면서도 조조는 자기 이익 챙기기에 급급한 제후들에 의해 또다시 좌절한다. 그러나 조조는 이런 분투 속에서 결국 청주병淸州兵이라는 자기 군사력을 갖추면서 확고한 정치적·군사적 기반을 구축한다.

그는 세력을 키워가는 과정에서 능력을 기준으로 유능한 인재를 모아들였다. 귀족끼리 돌아가면서 관직을 독점하던 시대에 가문이나 신분이 아닌 능력 위주로 인재를 등용하는 '구현령求賢令'을 세 번이나 내렸다. 그 결과 조조 진영에는 수많은 인재가 모여들었다. 이런 인재가 많을수록 개혁 정책을 세부적으로 입안하고 집행도 치밀하게 해나갈 수 있다. 출신 배경이 아닌 능력 위주로 인력을 충원하는 시스템은 구성원에게 희망의 비전이 되고, 그 자체로 개혁의 원동력이 되기 때문이다.

조조는 현이나 성급 수준에서 '작은 개혁'을 시도하고, 그때마다 반개혁 역풍을 맞으면서 '그 이상의 개혁'이 필요하다는 것을 깨닫는다. 이것이 바로 조조의 '야망'이었다. 개혁의 바탕이 되는 힘은 민심에서 나오고, 그 개혁을 견인하는 힘은 '속에서 끓어오르고 겉으로는 절제된 야망'에서 비롯된다. 왕망의 서툰 개혁과는 극명하게 대비되는 부분이다. 이런 면에서 일생을 도원결의를 통해 맺은 두 형제와 제갈량만 끼고 다닌 유비나, 애당초 호족 연합체인 손권의 오나라는 중원 문명의 구원과는 거리가 멀었다. 그들은 그저 이 틈에 한몫 잡아보자는 지방 군벌에 지나지 않았다. 오죽하면 〈소설 삼국지〉에서조차 유비를 치켜세운 콘셉트가 도원결의, 즉 '우리끼리만의 의리'였을까.

　조조의 개혁 중에서도 가장 중요한 것은 둔전제屯田制다. 잦은 전란으로 피폐해진 농토에 다시 농민이 정착하게 한 것이다. 이 정책으로 사회가 안정되어 유민이 농토로 돌아오기 시작했고, 농업 생산량이 늘어나 세수税收가 증가하고 징집 대상자인 농민도 많아지니, 이 모든 것이 조조에게는 힘이 되었다. 조조의 진짜 힘은 강한 군사력을 지탱해준 '경제'였고, 경제는 곧 백성의 '마음'이었다. 그에 반해 유비가 얻은 민심은 그저 황제와 성이 같다는 것을 정치적으로 과대 포장해 인기를 구걸한 것에 불과하다.

　전쟁은 힘으로 하는 게 아니라 사람의 마음과 식량, 곧 민심과 경제로 하는 것이라는 점에서 볼 때 둔전제야말로 조조의 가장 큰 성공 요인이라고 할 수 있다. 그러나 조조는 자신이 구상한 개혁와 종합판을 완성하지 못했다. 가장 큰 이유는 개혁을 완벽하게 실행할 '월등한 정치적·군사적 성공'을 실현해내지 못했기 때문이다. 북중국을 통일하고 남으로 기수를 돌려 유비를 제대로 밀어붙인 것까지는 좋았다. 그러나 유비를 뒤쫓는 가운데 강남의 손권까지 한꺼번에 정벌하려 한 전략이 결정적 실패 원인이었다. 바로 적벽전에서 겪은 뼈아픈 패배다. 조조가 적벽전에서 저지당하자 죽어가던 유비까지 제3의 군벌로 살아났다. 영악한 유비는 손권의 승리에 기대어 형주를 손에 넣었고, 결국 삼국 체제를 굳혀갔다. 제갈량이 노린 천하삼분지계의 구도에서는 어느 누구도 개혁을 완성할 수 없었다. '군사력'이라는 하드웨어와 '인재'라는 소프트웨어를 갖추고, '민심'이라는 기반 위에 '새로운 비전'을 세워 그것을 구현하는 것, 조조가 이것을 완성하기 위해서는 스스로 정치적·군사적 통일을 완수해야 했다. 삼국 체제로 굳어지기 전에 천하를 통일하고 그다음 개혁을 완성하는 것이 수순이었건만, 손권과 유비의 연합군에 걸려 실패한 것이다. 조조는 그나마 아들들을 잘 키워 후대에 대업을 넘겨주었지만 손자대에 가서 쇠락하기 시작하더니, 영특한 사기꾼이자 반개혁의 화신인 사마씨 집안에 나라를 홀랑 넘기고 말았다. 이제 중원 문명은 300여 년 후 수·당으로 통일될 때까지 끝없는 퇴행의 나락으로 빠지게 된다.

남방으로 찌그러진 중원 문명

265년, 사마의司馬懿의 손자들은 조조 집안의 위나라를 말아먹어 진晉나라를 세운 뒤 각지의 왕을 사마씨로 임명한다. 한 집안이니 최소한 황제를 거꾸러뜨리는 일은 없을 것이라고 생각한 모양인데, 결과는 반대로 나타났다. 한마디로 '나도 사마씨인데 왜 황제가 될 수 없단 말인가!' 이런 논리였다.

제2대 황제 혜제惠帝가 즉위한 290년부터 306년까지 16년 동안, 황실의 여덟 왕은 각각의 무장과 처가와 외가뿐 아니라 서방과 북방의 이민족 군대까지 용병으로 끌어들여 처절한 동족 살육의 싸움판을 벌였으니, 이것이 바로 '팔왕의 난[八王之亂]'이다. 그리고 여덟 왕이 끌어온 북방 민족의 용병이 중원에 눌러앉아 세상을 휘저으니, 이들이 바로 5호16국이다.

304년, 중원으로 들어온 흉노의 일파가 유연劉淵의 주도로 한漢나라를 세운다. 감히 '오랑캐'가 한나라 황실의 유劉씨로 개성改姓하고 한을 국호로 내세웠다. 중원의 입장에서 보면 속이 뒤집힐 일이다. 게다가 유연의 아들 유총劉聰은 아버지의 자리를 물려받은 이듬해인 311년, 진나라 수도 낙양을 포위 공격해 10만여 명의 군사를 학살하거나 포로로 잡고, 진의 세 번째 황제 회제懷帝까지 잡아간다. 유총은 회제에게 노예의 옷을 입히고 술시중까지 들게 한 뒤 그 자리에서 독주를 먹여 죽여버렸다. 한족 유씨의 한나라로 통일된 중원의 문명을 흉노 유씨의 한나라가 처참하게 짓밟은 이 사건은 마치 한 무제에 대한 흉노의 오랜 원한을 되갚는 것 같다. 이후 진나라는 제4대 황제 민제愍帝마저 유총에게 끌려가 술시중을 들다 그 자리에서 살해당함으로써 52년 만에 망하고 만다. 막장 드라마의 절정을 보여주는 듯하다. 이런 와중에 진나라 귀족들은 강남으로 도망가 황실의 낭야왕 사마예司馬睿를 새 황제로 옹립해 지금의 남경에 다시 나라를 세우니, 이것이 동진東晉이다.

눈을 멀리 두고 긴 역사를 한눈에 보면, 춘추전국시대의 제자백가라는 치열한 논쟁을 거치며 융성한 중원의 선진 문명은 한 무제가 흉노와의 전면전으로 국력을 탕진하면서 끝을 모르고 무너지기 시작했다. 왕망의 허술한 이상주의 개혁은 애당초 어림없는 것이었고, 조조의 현실적 개혁 역시 적벽전의 패배를 기점으로 삼국정립의 벽에 부딪혀 좌절되었으며, 사마씨 집안은 권력을 차지하기 위해 형제끼리 무자비한 살상극을 벌였고, 권력을 잡은 뒤에도 끝없는 탕진에 몰두하면서 중원 문명을 거덜 냈다.

결국 동아시아 문명을 끌고 갈 유일한 주도권처럼 보인 중원 문명은, 사마씨 집안의 괴멸적 권력다툼과 국력 탕진 끝에 자생의 의지를 잃고 자정의 능력도 박탈당한 채 처참하게 나자빠졌다. 역사의 주체로 나서기는커녕 군사적 우위도 점하지 못한 채 남방으로 도주한 사마씨 황실은 함께 도주한 진나라의 알량한 명문귀족이나 현지의 호족과 연합해 초라한 망명 정권을 꾸려갔으니, 이것이 바로 동진의 실상이다.

이렇듯 패주 망명 집단이 세운 동진은, 장강이라는 천혜의 방어벽 뒤에

숨어 강남의 풍부한 물산에 기댄 채 돌이킬 수 없는 과거의 영화나 읊어대고 있었다. 서로 자기 가문을 치켜세우거나 허위의식 가득한 청담淸談과 끝없는 기행, 엽기와 음주와 마약과 황음에 취해 살았을 뿐이다. 한족에 의해 싹트고 한족의 손으로 꽃피운 중원 문명은, 진陳(남조의 마지막 왕조)의 멸망과 함께 숨통이 끊겼다. 그리고 탁발선비에 의해, 북위가 깃발을 들고 당나라가 완성하는 '호한융합'이라는 거대한 이념에 편입되어서야 목숨을 연명할 수 있었다.

멈춰 선 자전거의 비극

서진西晉의 황실과 귀족이 강남으로 도주해 세운 망명 정권 동진과 그 후속 왕조인 남조, 이 시대의 '낭만'을 통해 이전에는 없던 사상과 사유의 한 갈래가 새로 등장하기도 했다. 노장사상의 무위자연無爲自然을 사유의 밑자락에 깔고 탈속脫俗과 은일隱逸을 내세우며 화석처럼 굳은 유교의 예禮에 반항했다. 그러나 이런 사상의 실제 액션은 음주와 기행과 마약이었다. 죽림칠현竹林七賢도 이 시대 '퇴행의 낭만'에서 태어난 도피꾼에 지나지 않았다. 그러나 낭만에는 대가가 따른다. 노동의 대가는 작은 수익이지만, 낭만의 대가는 과도한 지출이다. 같은 시기에 북중국에서는 수많은 전란 속에 정치적 · 문화적 실험을 거쳐 호한융합이라는 새로운 시대이념을 다져갔지만, 남방에서는 '니나노~' 타령과 엽기행각에 절어 있었으며 백성은 여전히 희망 없이 죽어나갔다.

권력에 눈먼 자들에 의해 수없이 교체된 왕조 또한 역사의 발전과는 무관한 그들만의 패거리 쌈질이었고, 최후에는 북중국에 의해 멸망하고 말았다. 이는 단순한 왕조의 멸망이 아니라 한족의 중원 문명이 멸망한 것이다.

　서진 시절에 이미 귀족 가문이 성장했지만 동진 창업 과정에서 왕씨 가문이 결정적 역할을 하면서, 동진의 권력 중심은 사마씨의 황실과 왕씨 등의 명문귀족 그리고 토착 호족이라는 세 그룹으로 나뉘었다. 애당초 지명도도 별로 없던 사마예가 황제의 자리에 오르는 행운의 티켓을 잡은 셈이지만 권력과 사회구조는 귀족제로 흘러간 것이다.

　귀족이 정치력과 경제력, 군사력을 장악하고 문화적 재능까지 겸비했기 때문에 동진의 황제들은 이전 황제와는 위상이 판이하게 달랐다. 특히 창업 공신 왕씨의 권세는 하늘을 찌를 정도여서 역사서에도 "사마씨와 왕씨가 함께 천하를 다스린다[王與馬共天下]"고 기록되어 있다. 동진 초기에 황제는 사마예였지만 승상은 왕도였고, 대장군은 왕돈이었다.

　이렇듯 동진이란 나라는 왕씨라는 대귀족의 탄생과 함께 열렸으나, 중기에 왕씨 가문이 힘을 잃자 이번에는 사謝씨가 득세했다. 왕씨와 사씨 두 가문은 군사력까지 갖추고 있었다. 이런 귀족제는 결국 백성의 등골을 파먹기 마련이다. 결국 동진 말기인 399년 왕씨와 사씨 가문의 가혹한 착취로 대규모 농민 반란이 일어나고, 두 가문은 반란군에게 도륙을 당한다. 이 농민의 난은 황제도, 명문귀족도 아닌 한문寒門 출신 유유劉裕가 수습했다. 유유는 420년 동진 왕조를 멸하고 새로운 나라를 세우는데, 이것이 남조의 첫 왕조인 송나라다. 송나라는 유씨가 개국한 나라라 역사에서는 유송劉宋이라고 한다.

　유유는 곧 중요한 개혁 정책을 실시했다. 토단土斷이라는 제도로 호족의 토지 소유를 억제하고, 유민을 정착시키기 위해 조세를 경감하는 등 강남 경제의 기반을 튼튼히 했다. 그러나 역사는 그에게 개혁을 추진할 기회를 주지 않았다. 황제에 오른 지 3년 만에 병사하고 만 것이다. 이 또한 유유 개인의 비극을 넘어 강남의 비극이라고 할 수 있다. 59년간 이어진 송나라는, 후반 30년 동안 황위 쟁탈을 둘러싼 골육상쟁으로 피비린내를 뿌렸다. 이런 한심한 작태는 송나라를 뒤엎고 세운 제齊나라 27년 동안에도 마찬가지였다. 제나라 이후 양梁나라가 들어서고, 양 무제 시절 50년간 그나마 별탈 없이 지낸 시절도 있으나 귀족 집단의 무능력과 천한 황제의 한심한 작태로 남조에서는 더 이상 어떤 희망의 실마리도 찾기 어려웠다. 결국 남조의 마지막 왕조 진나라가 수나라 양제에게 멸망당하고, 이후 역사는 북방이 남방을 흡수 통일한 뒤에야 대당大唐이란 역사적 진보를 이루게 된다.

역사는 두발자전거와 같아서 계속 굴러야 넘어지지 않는다. 멈춰 서는 순간 전복되고 만다. 강남의 낭만은 비록 귀족적인 화려한 멋은 있으나 멈춰 선 자전거와 같이 옆으로 자빠져버렸다.

한 무제의 국고 탕진으로 시작된 중원 문명의 몰락은 조조의 개혁 정책으로 회생할 기회를 얻은 듯했지만, 조조가 적벽전에 패해 군사적·정치적 통일에 실패함으로써 주저앉게 되었다. 그 결과 중원은 삼국으로 갈라졌고, 이 삼국시대를 탈취한 사마의에 의해 중원 문명은 스스로 몰락하고 말았다.

조조의 구원 역투가 실패한 계기가 적벽전이고, 적벽전은 제갈량이 이끌어낸 손권·유비 동맹의 승리였으니, 제갈량은 자신의 지혜로 중원 문명의 회생을 막아버린 꼴이 되었다. 제갈량의 최고 덕목이 지혜와 충성인데, 결과로 보면 그의 충성은 '자기 주군'만을 위한 것이었지 결코 역사의 진보에 기여한 것은 아니었다. 다시 말해 제갈량은 '주군에 대한 의리'에 충실하면서 역사의 진보에 '대못'을 박은 것이다.

역사는 다양한 시각으로 저마다 다르게 이해할 수 있다. 조조와 제갈량도 그렇다. 특히 〈소설 삼국지〉가 악인으로 포장한 조조와 지혜와 충절의 화신으로 덧칠한 제갈량을, 삼국시대 전후 1,000년의 역사 흐름 속에서 보면 달리 보일 수 있다. 그리고 달리 볼 만한 가치가 있다. 이것이 이 기행의 밑바닥에 깔린 열선熱線이다.

2부

조조기행

1

천하 제패를 꿈꾸다

조조는 늘 웃었다

조조의 얼굴을 떠올려보라. 그럼 대부분 비슷한 이미지를 떠올린다. 오만한 표정에 날카롭게 찢어진 눈매, 가늘고 날랜 듯하면서 끝이 교만하게 살아 있는 수염, 게다가 의상도 주로 검은 옷이다. 거기에 허소許昭가 조조를 평한 이 한마디를 덧씌우면 캐릭터가 완성된다.

'치세의 능신能臣, 난세의 간웅奸雄.'

이 표현이 입에서 입으로 전해 내려오는 동안, 능신은 구색 맞추기로 앞줄에 서 있다 사라지고 '간웅奸雄'의 '웅雄'도 사라진 채 '간奸'만 남게 된 것은 아닌지. 아니, 그보다 간웅이란 단어 자체가 〈역사 삼국지〉의 조조가 아닌 〈소설 삼국지〉의 조조를 표현했다는 점에서 조조에게는 정말 억

울한 일이 아닐 수 없다.

　역사 속 조조는 걸출한 정치가이고 뛰어난 군사 전략가이자 병법 이론가이며, 게다가 훌륭한 문학가다. 우리가 알고 있는 조조와는 완전히 다른 '영웅적 인물'인 것이다.

　그가 태어나 자란 한나라 말기는 황실은 물론 나라 전체가 완전히 엉망진창이었다. 열 살 전후의 꼬맹이를 황제로 앉히는 와중에 어린 황제를 안은 외척이 권력을 잡자 기득권을 쥐고 있던 환관이 그들을 암살해버리는가 하면, 다시 외척이 각지의 군대를 불러들여 환관을 도륙하기도 했다. 이렇게 엎치락뒤치락하는 동안 농지 약탈과 부역에 시달리다 농토를 떠나 유랑하던 농민이 '황건적의 난'에 합세해 전국을 휩쓸어버린, 아주 혼란스럽고 고통스러운 시기였다.

　조조는 한나라가 망하기 직전 황실과 권부를 장악하면서 정치와 민생을 안정시킨 유능한 정치가다. 그는 진보적 토지 정책인 둔전제를 실시해 경제 기반을 안정시킴으로써 농토를 잃고 떠돌던 많은 유민을 정착시켰다. 농경사회의 근간은 농토와 농민이고, 농민이 농토에 애착을 갖고 농사에 열중하는 것이 최우선이기 때문이다.

　또 권력자의 자제만 관직에 등용하던 당시의 폐습을 없애고, 능력만 있으면 기용한다는 유재시용惟才是用 원칙을 내세우며 능력 위주로 인재를 발굴했다. 지금이야 아주 당연한 얘기 같지만 당시는 고관대작이 자기네끼리 아들이나 친족을 추천해 대를 이어 권력과 부를 독점하던 시대였다. 이런 기류에 맞서 '우리끼리 관직 나눠 먹기'가 아니라 '능력 있는 자를 등용하겠다'는 것은 기득권 세력의 엄청난 저항을 불러올 수 있는 '위험한 개혁'이었다. 그러나 조조는 이런 정책을 과감하게 도입하고 뛰어난 정치력으로 기득권 세력의 반발을 극복해나갔다. 그 덕에 조조가 승상으로 있던 당시 한나라 중앙 정부에는 인재가 풍부했고, 결과적으로 촉한이나 오나라가 아닌 조조의 위나라가 삼국시대를 끌어나간 것이다.

뿐만 아니라 조조는 병법이나 문학에서도 뛰어난 실력을 발휘했다. 우리가 잘 아는『손자병법孫子兵法』은 손자가 쓴 병법서지만, 오늘날『손자병법』을 연구하는 사람들은 손자가 쓴 오리지널『손자병법』에 조조가 주석을 붙인〈손자병법 2.0〉을 기본 텍스트로 삼는다. 그만큼 조조는 병법에 관해서도 굉장한 능력을 보였다는 얘기다.

문학에서도 조조는 한나라 말기에 오언시五諺詩를 발전시켜 이후 한나라 시가문학에서 오언시가 정통이 되도록 만든 장본인이다. 그의 아들 조비曹조와 조식曹植 역시 뛰어난 문학적 재능을 보였는데, 이들 세 부자를 '삼조三曹'라고 부르기도 한다. 제갈량이 없어도 중국 문학사를 논하는 데 문제가 없지만 조조가 빠진 중국 문학사는 애당초 성립할 수 없다.

이렇듯 정치가, 행정가, 이론가, 문학가로서 조조가 보여준 탁월한 업적은 모두 역사로 기록된 사실이다. 이외에 조조는 조직가로서도 유감없이 능력을 발휘했다. 그는 사람을 끌어모아 조직하고 그 조직을 효과적으로 움직여 대사를 도모했는데, 이는 곧 유능한 인재를 많이 확보하는 동시에 그 멤버들을 적재적소에 잘 활용해 하나의 강력한 조직으로 성장시켰다는 뜻이다. 한마디로 21세기 CEO의 역할모델로 손색이 없는 인물이었다.

또 하나, 조조라는 캐릭터를 이야기할 때 빼놓을 수 없는 것이 바로 '웃음'이다. 〈소설 삼국지〉를 보면 조조는 늘 웃고 있다. 유비는 툭하면 우는 데 반해 조조는 언제나 웃는다. 허소가 '난세의 간웅'이라고 했을 때에도 그는 웃음을 터뜨렸고, 왕윤王允이 동탁에게 제대로 맞서지 못하고 찌질하게 고민만 하고 있을 때에도 박장대소했다. 쿠데타 음모를 알아챘을 때는 냉소했고, 적벽전을 앞두고는 야망을 불태우면서 앙천대소仰天大笑했으며, 화용도에서 패주할 때는 제갈량이 허허실실 전법을 모른다며 껄껄 웃었다. '조조, 난세를 웃다'란 말이 나올 만도 하다. 힐난을 당하거나 위기에 빠졌거나 대사를 앞두고 있을 때 그는 항상 웃었다. 그것이 냉소든 폭소든 조조가 항상 웃었다는 것은 〈역사 삼국지〉는 물론 〈소설 삼국지〉의 기록에서도 알 수 있다.

조조는 왜 웃었을까? 인생의 목표를 정확히 세우고 그 전개 방향을 알고 있는 자의 여유였을까? 아니면 그가 긍정적이고 낙천적인 인물이었기 때문일까? 혹시 자신을 둘러싼 당대의 혹은 후대의 모든 평가에 대한 조소는 아니었을까? "멋대로 지껄이시라. 나는 조조다!"

소설 속 캐릭터는 작가의 의도에 맞춰 허구로 만들어낸 것이니 굳이 〈역사 삼국지〉와 비견해 이러니저러니 시비를 걸 것까지는 없겠지만, 조조를 '21세기형 CEO'로 해석해보는 것도 재미있는 발상법 중 하나다. 또 역사든 소설이든 그 인물의 긍정적인 면을 다시 찾아보는 것도 유익한 소일거리가 될 것이다. 좋은 게 정말로 좋은 거니까.

문학가 조조, 문희를 데려오다

문희文姬는 한나라 말 대학자 채옹蔡邕의 딸이다. 뛰어난 문재文才에 미모까지 갖춘 여인이지만 운명은 기구했다. 첫 남편을 잃은 것으로 모자라 왕윤이 동탁을 죽이는 와중에 아버지 채옹이 옥사했고, 그 뒤에는 흉노의 좌현왕 유표劉豹에게 잡혀가 측실로 살게 되었다.

머나먼 흉노 땅에서 두 아들을 낳고 12년 세월을 보내던 어느 날 한나

「문희귀한」. 조조는 스승 채옹의 유일한 혈육으로 흉노의 좌현왕 유표에게 잡혀가 측실로 살고 있는 문희를 수소문해 12년 만에 중원으로 데려온다.

라 사신이 좌현왕을 찾아와 황금 1,000량과 비단 100필 등 푸짐한 선물을 풀어놓았다. 조건은 단 하나, 문희를 한나라로 데려가는 것이었다. 세월 따라 기억에서 잊힐 수도 있는 한 여인을, 그것도 적지 않은 대가를 지불하면서까지 돌아오게 한 장본인이 바로 조조다. 과거 채옹의 집에 드나들던 후학 중 한 명인 조조는 북방을 정벌하는 동안 그의 유일한 혈육인 문희를 수소문했다. 그렇게 문희는 12년 타국살이를 끝내고 한나라로 돌아오게 된다.

이 이야기는 현재 하북성의 업성 유지鄴城遺址 담벼락에 「문희귀한文姬歸漢」이라는 부조로 새겨져 있다.

돌아온 문희에게 조조는 묻는다.

"그 옛날 선친이 살아 계셨을 때 너희 집에는 4,000권이 넘는 책이 있었지. 그 책은 다 어디로 갔느냐?"

전란의 와중에 책이 한 권이라도 남아 있을까. 그러나 이때 문희는 아주 놀라운 능력을 펼쳐 보인다. 기억을 되살려 400여 편의 고문古文을 고스란히 복원해낸 것이다. 드라마 「뿌리 깊은 나무」의 소희를 보는 것 같다. 400권을 몽땅 외워서 썼다는 건 물론 과장이겠지만 그녀의 문학적 재능이 뛰어난 건 틀림없는 사실인 모양이다. 문희의 재능에 감탄한 조조는 휘하의 동사와 재혼을 주선한다. 동사는 조조의 진보적 경제 정책인 둔전제를 지휘 감독하는 둔전도위를 맡고 있던 인물이다. 훗날 동사가 큰 사고를 쳐서 사형 위기에 직면했을 때도 조조는 문희의 간곡한 청에 못 이겨 선처를 베풀었다.

「문희귀한」을 둘러싼 이 에피소드에서 문화 정책까지 펼쳐 보인 정치가 조조를 엿볼 수 있다. 북방 정벌을 완성하고 이른바 문치文治에 나서면서 조조는 문희라는 상징적 인물을 데려온 것이다. 그 '간교하다'는 조조가 이런 문화 정책을 펼쳤다니, 〈소설 삼국지〉에 익숙한 사람에게는 좀 이상하게 들릴 수도 있겠다. 하지만 '소설 속 조조'를 고집하는 한 '역사 속 조조'를 만날 때마다 번번이 고개를 갸웃거리게 될 것이다.

하북성 임장현臨漳縣의 삼태촌三台村 버스 정류장에 내려 300미터가량 걸어가면 업성 유지가 보인다. 강력한 라이벌 원소袁紹를 물리치고 그의 아들 원담袁譚에게 항복을 받아낸 이듬해인 204년, 조조는 이곳 업성을 수도로 정한다. 여기서도 조조는 둔전제를 실시해 생산력을 높이는 한편 도성을 건설하는데, 213년에 완공한 동작대銅雀臺와 금봉대金鳳臺 그리고 214년 완공한 빙정대氷井臺 등 세 개의 누각이 특히 유명하다. 지금은 그 일부만 '업성 유지'라는 이름으로 남아 있다.

입구로 들어서니 폐허의 느낌이 감돈다. 그중에서도 건안칠자建安七子

업성 유지. 조조는 강력한 라이벌 원소를 물리친 다음 북방을 차례로 정벌해 통일하면서 원소의 아들 원담의 항복을 받은 이듬해인 204년 업성을 수도로 정한다.

는 허접한 조상彫像에 화려한 색을 덧칠해 오히려 더 초라하게 느껴진다.

조조와 그의 아들 조비, 조식 등을 주축으로 발달한 문학을 당시 연호인 '건안'을 붙여 건안문학建安文學이라고 부른다. 그리고 시詩와 부賦, 산문散文에 뛰어난 7명의 인물(공융孔融, 진림陳琳, 왕찬王粲, 서간徐幹, 완우阮瑀, 응창應瑒, 유정劉楨)을 일컬어 건안칠자라 부른다. 그들을 기려 허술하게나마 전시관을 만들어놓았는데, 관우나 제갈량을 신격화하는 것에 비하면 조조와 조조의 인물들은 홀대에 가까운 대접을 받고 있다.

건안칠자.

공융孔融
공자의 20대손. 어려서부터 재능이 뛰어나고 문필에 능했으며 자존심이
강한 인물이다. 훗날 세력을 확장해가는 조조를 낱낱이 비판하고 조소하
다 처형되었다.

진림陳琳
유명한 문장가로 원소 휘하에서 서기로 일했다. 원소가 조조에게 선전포
고할 때 조조를 날카롭고 강렬하게 비난하는 격문을 쓴 것으로 유명하다.
〈소설 삼국지〉에 그 격문의 전문이 실렸을 정도. 특히 조조의 할아버지인
환관 조등曹騰까지 들먹이는 격문으로 조조를 격분케 했다. 원소가 패해
포로로 잡혔지만 인재를 알아본 조조가 국정에 관한 문서나 격문을 담당
하게 한다. 조조는 진림의 문장을 보며 지병인 두통을 잠시나마 잊기도 했
다고 한다.

왕찬王粲
오언시의 발전에 크게 기여한 인물. 조조가 북방을 통일한 다음 형주로 남
하할 때, 유표의 뒤를 이은 어린 아들 유종을 만나 조조에게 항복하게 한
장본인이다. 유표 휘하에 있을 때 쓴 「등루부登樓賦」가 특히 유명하다.

서간徐幹
부와 시에 뛰어난 문장가. 젊은 시절 낮은 관직에 머물다 두문불출하며 학문에만 정진했다. 196년경 조조가 군사를 일으켰을 때 잠시 참여하지만 지병을 이유로 사직한 뒤 고향에서 생을 마쳤다.

완우阮瑀
은둔형 학자로 건안칠자 가운데 가장 늦게 조조의 진영에 합류했다. 죽림칠현 가운데 한 명인 완적阮籍의 아버지다.

응창應瑒
조조가 승상부에 기용한 인물. 조비가 오관중랑장을 임명할 때 응창을 문관으로 기용하기도 했다. 전란의 소용돌이 속에 고통받는 백성을 애틋하게 여기는 글을 여러 편 남겼다.

유정劉楨
조조가 승상부에 기용한 인물로, 조비와는 호형호제할 정도로 친했다. 그러나 조비가 견씨 부인을 취하자 이를 비판했고, 불경죄로 노역에 시달리기도 했다.

시간 여행자 제갈량의 중국판 트로이전쟁

조조는 업성에 세 개의 대형 누각을 세웠다. 가운데 위치한 동작대 양옆으로 각각 금봉대와 빙정대가 있고, 세 누각은 구름다리로 이어져 있다. 지금은 비록 모형으로만 확인할 수 있지만 당시에는 높이가 무려 10장丈 (33.3미터)이나 되었다고 한다.

동작대를 완공한 기념으로 잔치를 벌인 자리에서 조조의 아들 조식은 「동작대부銅雀臺賦」를 선보인다. 그런데 〈소설 삼국지〉는 이야기의 극적 효과를 위해 한나라의 부 중에서도 뛰어난 작품으로 손꼽히는 이 「동작대부」를 교묘하게 비틀어버린다.

북방을 통일한 조조가 남방으로 군사를 몰아 도망자 유비를 추격하자, 당시 새로 영입한 참모 제갈량은 오나라를 방문해 일을 꾸민다. 유비와 손권이 힘을 합쳐 이른바 '대조조 연합 전선'을 구축하는 것이 제갈량의 꿍꿍이였다. 하지만 당시 오나라에서는 조조와의 전쟁이 불필요하다는 주화파가 대세였고, 떠돌이 용병 집단 수준인 유비로서는 오나라와의 동맹이 절실했다. 이 대목에서 〈소설 삼국지〉의 제갈량은 희한한 카드를 내놓는다. 바로 명장 주유를 열받게 하는 것이다.

"하기야 당신네 오나라가 조조의 100만 대군에 맞서 싸울 필요가 뭐 있겠소? 두 여인만 배에 실어 보내면 될 것을."

"두 여인이라니?"

"듣자하니 조조가 커다란 누각을 세워 이름을 동작대라 지었는데 그 안에 천하의 미녀를 채워 넣으려 한답디다. 조조는 본래 여색을 밝히는 자로 교橋씨 성을 가진 동오의 두 미인을 오랫동안 탐해왔다 하더이다. 조조가 100만 군사를 업고 강남을 노리는 것도 사실은 그 두 여인을 얻으려는 것이외다. 그러니 천금을 들여서라도 그 두 여인을 사서 보내주면 조조는 만족하여 물러갈 것 아니겠소."

교씨 성을 가진 두 미인이 누구인가. 바로 손권의 형인 손책孫策의 아내와 주유의 아내다. 물론 소설 속 제갈량은 자매인 그 두 미인이 누구의 아내인지 뻔히 알면서도 짐짓 모르는 척하며 주유를 격분시킨 것이다.

"조조가 두 교씨를 탐한다는 증거라도 있소?"

주유가 거친 숨을 참아가며 한 번 더 물어본다. 그러자 제갈량은 그 유명한 「동작대부」의 한 소절을 바꿔치기해서 이렇게 읊는다.

동남의 두 교씨 미녀를 끌어안고 아침저녁으로 즐겨보리라 [攬二喬于東南兮 樂朝夕與之共].

격분한 주유는 조조와 싸우기로 결심하고 주군인 손권을 설득해 군사를 일으킨다. 그 유명한 적벽전의 서막이 오른 것이다.

절묘하다. 꼼수도 이 정도면 신묘한 술수라 할 만하다. 실제로 손책과 주유의 아내는 교씨 자매고, 이 교橋 자는 다리라는 뜻과 함께 성씨姓氏로도 쓰인다. 두 개의 다리와 두 교씨 미녀를 절묘하게 섞어놓은 것이다. 하지만 더욱 절묘한 것은 역사의 시간대까지 재구성하는 소설가의 상상력이다.

제갈량이 주유를 만나 동맹을 도모한 것은 208년이고, 동작대가 완공된 것은 213년의 일이다. 그러니 제갈량은 주유와 이야기하면서 5년 뒤에나 탄생할 작품 「동작대부」를 가불해 인용한 셈이다. 시공을 초월하는 제갈량의 '백 투 더 퓨처(back to the future)'급 신통력에 탄복할 따름이다. 그리하여 훗날 천하를 삼등분하게 되는 적벽전의 명분은 '미인을 얻

황토의 잔해만 남아 있는 동작대 유지(맨 위)와 그곳을 놀이터 삼아 놀고 있는 아이들(위).

기 위한 전쟁'으로, 트로이전쟁의 중국 버전이 되고 말았다. 이미 북방을 통일하고 천자까지 맘대로 휘두를 만큼 당대 최고 권력을 손에 쥔 조조가 겨우 미녀 둘을 얻기 위해 100만 대군을 끌고 쳐들어간다는 설정은, 〈소설 삼국지〉와 〈역사 삼국지〉 사이의 상당한 간극을 실감하게 한다. 얼토당토않은 가짜 역사가 허구라는 날개옷을 입고 수백 년을 이어져 내려온 것이다.

〈역사 삼국지〉를 〈소설 삼국지〉로 컨버팅하는 과정에서 작가에게 가장 필요한 것은 '강력하고 개성적인 악역'이었을 것이다. 악역 캐릭터가 그럴듯할수록 이야기는 힘을 얻기 마련이니까. 그런 점에서 조조만큼 훌륭한 악역을 찾기란 쉽지 않다. 망가져가는 중원 문명을 구하려 한 구원투수 조조를 희대의 간웅으로 각색해 악역을 맡긴 순간 〈소설 삼국지〉는 천하의 베스트셀러가 되었다. 하지만 『삼국지』의 실제 현장을 걸으면 무대 위 조조가 아닌, 분장을 지우고 무대의상을 벗어던진 역사 속 조조를 만나게 된다.

한때 중원의 패자 조조의 수도였던 곳, 화려한 동작대가 있었고 천하제패를 꿈꾼 열혈남아의 이상이 피어난 업성 유지. 그러나 지금은 황토의 잔해만 남아 시골 아이들의 놀이터로 방치되고 있다. 황성皇城 옛터인가, 황성荒城 옛터인가.

오늘이 내일로 이어지는 소품

과거의 흔적과 현재의 이정표를 따라 걷는 길에 이상하게도 골목골목 널어놓은 빨래가 자주 눈에 띈다. 북경의 옛 골목(후퉁[胡同])에서, 강남 수향水鄕의 담벼락에서, 그리고 해발 3,000미터의 소수민족 마을에서도 빨래는 늘 햇볕과 바람을 맞으며 걸려 있다.

수천 년의 세월과 숨 가쁜 역사의 흐름 속에서도 변하지 않는 것, 그중 하나가 빨래 아닐까. 천하를 놓고 강호의 영웅들이 각축을 벌이던 그 옛날, 고통과 번민 속에서도 수많은 민초는 '오늘과는 다른 내일'을 꿈꾸며 옷을 빨아 널었을 것이다. 빨래는 아직 오지 않은 날에 대한 기대의 표징이다.

빨래가 널린 곳에는 오늘과 내일이 이어져 있다. 오늘 하루 땀에 젖은 옷을 빨아 내일 좀 더 산뜻하게 입고 싶다는 소박한 꿈이 담벼락 앞에서, 산마을의 하늘 아래에서 꾸벅꾸벅 졸며 햇볕을 쬐고 있다. 옷은 낡았지만 빨래는 빛난다. 오늘보다 나은 내일을 위한 평범한 희원希願과 일상의 사랑이 묻어 있기 때문이다. 빨래가 널린 마을은 아직 사람들이 희망을 갖고 살아간다는 뜻이다. 내일이 없는 사람은 오늘 빨래를 하지 않는다.

문득, 역사는 빨래 같아야 한다는 생각을 해본다. 어제의 때를 오늘 씻어내고 더 깨끗한 내일을 맞이하듯 과거의 오류와 헛된 야망, 어리석은 집념을 오늘 씻어내야 조금이라도 더 나은 내일을 맞이할 수 있을 테니까. 21세기 대한민국은 20세기보다 나아진 것이 분명하다. 그런데 1년 전, 3년 전, 5년 전보다 정말로 나아진 것일까?

과거의 흔적과 현재의 이정표를 따라 걷는 길에서 만나는 빨래. 빨래가 널린 곳에는 오늘과 내일이 이어져 있다.

2

북방을 정벌하고
승상이 되다

벽에 새겨진 조조의 일생

오늘날 인구 456만이 살고 있는 하남성의 허창許昌은 담배와 도자기로 유명하다. 또 철길이 십자로 교차하고, 도로가 쌀 미米 자 형태로 연결되는 교통의 중심지이기도 하다. 하지만 『삼국지』 기행을 하는 여행자에게 허창은 뭐니 뭐니 해도 위나라의 수도이자 삼국 문화의 중심 도시다.

196년, 조조는 한나라의 마지막 황제 헌제를 자신의 근거지인 허창으로 모신다. 그 후 220년 조조의 아들 조비가 헌제를 폐하고 황제에 올라 낙양으로 천도하기까지 약 25년 동안 허창은 한나라의 수도였다. 그래서 허도許都라고도 불린다.

『삼국지』라는 스펙터클 오디세이에서 거의 모든 사건이나 갈등, 극적

0

'조조 기념관' 역할을 하는 조승상부.

발전이 조조에 의해 이루어지는 만큼, 그의 정치적·군사적 근거지 허창에는 지금도 『삼국지』와 관련한 유적지가 즐비하다. 그중에서 허창 시내에 있는 조승상부曹丞相府를 출발점으로 삼아보자.

208년, 북방을 정벌한 뒤 조조는 승상이 된다. 최고 관리인 삼공三公보다 높은 벼슬, 게다가 황제까지 마음대로 휘두르는 상황이다. 지금의 조승상부는 조조가 직무를 수행하던 곳이다. 물론 당시의 건물이 그대로 남아 있는 것은 아니고, 당시 건축의 풍격을 좇아 '조조 기념관'으로 새로 지은 것이다. 이 조승상부는 〈소설 삼국지〉에 묘사한 조조, 즉 일반인의 선입견 속 조조가 아니라 '역사 속 조조를 현대적 관점으로 조명하는 곳'이라는 점을 내세우고 있다. 안으로 들어서면 26장의 동판이 파노라마처럼 조조의 일생을 그리고 있다.

하남성 허창의 조승상부 앞 광장에 세운 200톤짜리 조조상.

출생과 성장

155년, 조조는 안휘성의 북부 지방인 박주亳州에서 환관의 손자로 태어난다. 그가 태어난 시대는 이미 난세였지만, 그래도 짚신을 팔아 연명한 유비나 하급 관리 출신인 손견과 달리 기득권층으로 성장할 수 있었다. 하지만 감수성 예민한 시기에 그는 환관의 자손이라는 콤플렉스를 안고 살아야 했다.

20~30대 초반, 젊은 기상이 썩은 권력에 짓밟히다

환관의 손자로 성장한 조조는 175년, 당시 관리 등용 제도인 '효렴(효성이 지극하고 청렴한 젊은이를 추천에 의해 관리로 임용하는 제도)'에 의해 스물한 살의 나이로 관직 생활을 시작한다. 말이 좋아 효렴이지, 사실은 권력을 쥔 자들끼리 관직을 독점해서 나눠 먹는 제도일 뿐이다. 고관대작 귀족이 서로 자식을 추천해주는 것이다. 조조의 아버지 조숭曹嵩이 1억 전을 내고 태위라는 고위관직을 산 것처럼, 조조 역시 능력과 상관없이 출신 성분과 가문의 힘으로 세상에 첫발을 내딛었다.

한나라 수도 낙양의 북부위, 요즘으로 치면 경찰서장이 된 혈기왕성한 조조는 추천 과정과 상관없이 법가法家의 소신에 따라 일을 똑 부러지게 해나가기 시작한다. 당시 난장판에 가까운 낙양의 치안 상태에서 그는 성문을 수리한 뒤 통행금지법, 즉 오색 몽둥이를 성문에 걸어놓고 통금 위반자를 때려죽이는 법규를 엄격하게 시행한다. 그러던 어느 날 조조는 야간통금법 위반자 한 명을 법에 따라 '때려죽이고' 만다.

물론 엄연히 현행법을 따라 법대로 집행해 법의 기강을 바로 세웠지만, 죽은 자의 친척이 엄청난 권력을 쥐고 있던 환관이라는 점이 문제였다. 조조는 그 환관의 미움을 받아 이내 한직으로 밀려나고 만다. 이것이 조조의 인생에서 맞닥뜨린 첫 번째 좌절이다. 그리고 얼마 후 조조의 매부가 반역 사건에 연루되는 바람에 그 한직마저 박탈당하고 만다. 나름 교과서대로 일을 해보려던 젊은 기상이 썩은 세상의 질서에 보기 좋게 짓밟히고 만 것이다. 하지만 아직 기회는 남아 있었다.

184년 황건적의 난이 일어났을 때 조조는 기도위騎都尉(황제를 호위하는 기병 장교)로 임명되어 황건적 진압에 나서게 된다. 무능한 한나라 황실과 부패한 관리들에 의해 굶주리다 못해 일어선 농민을 무력으로 잠재우는 것이 그의 임무였다. 이렇게 조조뿐 아니라 유비를 포함한 각지의 군벌은 하나같이 정권을 바로 세우기보다 고통받는 백성을 진압하면서 출셋길로 나섰고, 이것이 『삼국지』영웅들의 행로였다.

아무튼 황건적의 난을 진압하는 데 공을 세운 조조는 그해 제남의 상相으로 승진하게 된다. 부임하자마자 그는 백성을 들들볶던 지방 호족과 오랜 악폐를 과감히 척결하면서 다시금 개혁가로서 실적을 쌓아간다. 조조는 당시 관할하던 10개 현에서 무려 8명의 수령을 파면해 백성에게 환영을 받는다. 그러나 더 이상 앞으로 나가지 못하고 다른 지방으로 발령이 난다. 파면당한 지방 관리들이 중앙의 권신에게 눈이 번쩍 뜨이는 뇌물을 바치면서 온갖 모함을 퍼부어댄 것이다. 한마디로 호족의 뇌물에 눈이 돌아간 중앙의 썩은 권력자들이 그의 앞길을 가로막은 것이다.

자신도 기득권을 배경으로 관직에 나섰지만 기득권과 충돌해 매번 좌절하게 되는 아이러니 속에서 서른세 살 조조는 깊은 회의에 잠긴다.

썩은 정권에서 관직은 짚불에 날아가는 검불일 뿐이란 생각에 조조는 신병을 핑계로 관직을 떠나 고향으로 돌아간다. 그리고 1년 동안 사냥과 독서에 몰두하며 '더러운 세상'과 거리를 둔다. 그렇게 두문불출할 때에도 게으름 피우지 않고 문무文武를 갈고닦은 것 역시 시선을 끌 만하다.

188년, 서른네 살이 된 해에 조조는 수도 낙양을 방어하는 전군교위로 임명된다. 당시 환관 세력과 외척 세력의 권력투쟁 속에서 젊고 유능한 조조가 권력자의 눈에 든 것이다. 관직에 복귀한 조조는 황제의 외척으로 권력을 틀어잡은 대장군 하진의 참모 역할을 하게 된다. 이 무렵 멍청한 하진이 환관들과 한판 대결을 벌이기 위해 지방 군벌인 동탁을 낙양으로 끌어들인다. 그러나 하진은 환관들의 반격으로 눈 깜짝할 새에 피살되고, 그때 황궁으로 들이닥친 동탁이 환관들을 주살하고 권력을 틀어쥔다. 동탁은 젊고 유능한 조조를 수하로 끌어들이려 했지만, 애당초 지방 군벌을 끌어들이는 데 반대한 조조는 동탁의 영입 제의를 거절한다.

35~37세, 조조 최악의 수난기

동탁의 제의를 거부한 조조는 권력의 눈 밖에 나고, 급기야 지명수배자로 찍혀 도망자 신세가 된다. 이 사건과 관련해 〈소설 삼국지〉는 조조가 동탁을 암살하려다 실패하자 얼떨결에 단도를 동탁에게 바치고 줄행랑치는 것으로 묘사했지만, 실제 동탁의 암살 미수 사건은 조조가 아닌 다른 사람이 한 것이다. 이 사건에 조조가 등장하는 것은 그저 소설 속 이야기일 뿐이다.

189년, 서른다섯 살 조조는 지명수배망을 뚫으며 고향으로 도주한다. 부친의 친구 여백사와 그의 가족을 몰살하는 패륜에 가까운 사고를 친 것도 이때의 일이다. 도망자 조조의 '처량하고 초조한 몰골'이 적나라하게 드러난 사건이다. 〈소설 삼국지〉에서 "내가 세상을 배반할지언정 세상이 나를 배반하게 할 수는 없다"는 유명한 대사와 함께 조조를 간특한 인물로 낙인찍는 대목이기도 하다.

마침내 고향으로 돌아온 조조는 사재를 털어 군사 5,000명을 모은다.

그리고 이듬해인 190년 1월, 반동탁 연합군 창설에 참여하지만 실제로 조조의 비중은 그리 크지 않았다. 혈기왕성한 일개 중견 장교에 불과한 조조와 달리, 어릴 때 조조와 함께 공부한 명문가 출신 원소는 반동탁 연합군의 맹주로 우뚝 서 있었다. 이때까지만 해도 원소와 조조 사이에는 상당한 격차가 있었다.

하지만 의기양양하게 일어선 반동탁 연합군도 속을 들여다보면 그다지 위협적인 군대는 아니었다. 제후들이 서로 이해관계만 따지는 통에 규모는 컸지만 무력한 오합지졸에 지나지 않았다. 게다가 동탁이 황제를 협박해 낙양에서 장안으로 수도를 옮기자 연합군은 금세 길 잃은 오리 떼 신세가 되고 만다. 이때 조조는 동탁을 추격해야 한다고 주장했지만 싸울 의지조차 없는 연합군은 어영부영 흩어져버린다. 이에 조조는 혼자 동탁을 추격했으나 오히려 역습을 당해 화살까지 맞고 말았다. 사재를 털어 올인한 비장의 카드를 날려버린 셈이다. 그다음 해에 다시 군사를 모았지만 지리멸렬 상태가 되고, 192년 왕윤이 여포呂布를 내세워 동탁을 죽일 때까지 조조는 인생에서 가장 힘겨운 고난의 시기를 보내게 된다.

37~38세, 고난의 시기를 극복하고 다시 기회를 잡다

192년 다시 황건적이 일어났다. 이때 연주 자사가 전투 중 사망하자 조조에게 연주목이 될 기회가 찾아온다. 유능한 장교였던 조조는 황건적을 맞아 힘겨운 전투 끝에 6개월 만에 소탕하고, 투항한 황건적까지 포함해 '청주병'이라는 정예군을 자신의 군사 조직으로 확보한다. 이로써 조조는 일생일대의 성공 카드, 즉 지방 군벌로서 근거지와 군대 그리고 연주의 100만 인구(노동력)를 확보하게 되었다.

193년 서주 태수 도겸의 부하가 조조의 부친과 가족을 살해하는 사건이 터진다. 지방 군벌로 자리 잡은 조조는 즉시 서주로 쳐들어가 잔혹한 도륙으로써 보복한다. 서주 양민 학살로 조조는 세상에 첫 번째 악명을 떨친 셈이다. '겉으로는 왕도王道, 속으로는 패도覇道'였던 조조의 삶이 이 보복성 도륙 사건을 기점으로 '겉이든 속이든 모두 패도'로 커밍아웃한 것으로 볼 수도 있다.

42세, 두 번째 승부수를 던져 황제를 장악하다

장안으로 끌려가 이각李傕과 곽사郭汜에게 휘둘리는 꼭두각시 신세가 된 한나라 황제가 낙양으로 귀환을 시도하지만 낙양은 이미 동탁에 의해 폐허가 되어 있었다.

조조는 거의 굶다시피 하는 황제를 과감하게 허창으로 모셔오는 정치적 도박을 감행한다. 이때 그의 나이 42세. 37세에 스스로 기반을 잡고, 42세에는 좀 더 확실한 정치적 카드를 잡아 실권과 명분에서 우위를 점하게 된 것이다. 붕괴되어 아사 상태에 놓여 있던 황실은 조조에게 기대 절박한 생존 문제를 해결했고, 조조는 이때부터 황제를 끼고 제후를 호령하는 상호 의존 체제를 구축했다.

196년, 조조는 둔전제를 실시한다. 둔전제는 간단하게 말하면 국가의 농토를 농민에게 나눠주고 산출의 일정량을 세금으로 거두어들이는 제도다. 이를 통해 그동안 유민으로 떠돌던 농민이 비로소 안정된 생활 기반 위에 정착하게 되었다. 흔히 조조에 대해 정치적·군사적 측면만 부각하는데, 사실 둔전제를 통해 사회적·경제적 환경을 개혁한 것이야말로 조조의 중요한 치적이다. 둔전제를 통해 마련한 국고는 결국 전쟁에서 우위를 점하게 하는 강력한 경제력이 된다.

197년, 조조는 스스로 황제라 칭하는 원술袁術을 격파하고, 이듬해인 198년에 천하의 강적 여포를 쳐부수며 세력을 넓혀간다.

45~52세, 북방을 통일하다

원술과 여포를 격파한 조조는 '황제의 명'이라는 정치적 명분을 내세워 북방의 최대 군벌인 원소와 정면 대결을 펼친다. 200년, 조조는 관도전에서 원소의 대군을 격파하고, 이후 북방을 차례로 정벌한다.

조조가 대세를 확고히 틀어잡은 것도 관도전에서 원소를 이기면서부터다. 이 전쟁에서 그는 직접 선두에 나서 전장을 누비며 원소의 아들과 잔당까지 쓸어버리고, 207년 북방의 소수민족까지 모두 정벌했다. 그때 그의 나이 52세였다.

조조가 북방 통일에 전념하고 있을 때 유비는 제갈량을 영입하는 등 일부 업그레이드를 꾀하지만 대체로 인생에서 가장 한가한 시기를 보내고 있었다.

53세, 적벽전에서 패해 조조 독주에서 삼국 과점으로

북방을 정벌한 조조는 남방으로 눈길을 돌린다. 먼저 형주, 지금의 호북성으로 남진한 조조는 손쉽게 형주 자사 유종의 항복을 받아낸다. 이때 유비는 다시 남으로 도주해 손권과 연합 전선을 구축한다. 이렇게 적벽전이 시작됐다. 그러나 조조의 군대는 수전에 약한 데다 이미 전염병으로 전투력이 크게 손상된 터라 결국 수전에 강한 오나라의 화공에 참패해 철수했다.

조조가 적벽전에서 패하면서 마침내 천하는 '위·촉·오'로 삼분된다. 조조가 원소를 격파하고 북방을 정벌했을 때만 해도 조조 1인이 천하를

① 환관의 손자로 태어난 조조.
② 조조가 야간통금법 위반자를 때려죽이는 모습.
③ 처음 조조의 악명을 떨친 서주 양민 학살 사건.
④ 조조는 황제를 과감히 허창으로 모셔오는 정치적 도박을 감행했다.
⑤ 조조는 농민의 안정적 생활 기반을 마련하기 위해 둔전 제를 실시했다.
⑥ 조조는 관도전에서 원소의 대군을 격파하고, 이후 북방 을 차례로 정벌해 결국 북방 통일을 이룩해냈다.
⑦ 수전에 약한 조조의 대군은 적벽전에서 유비와 손권의 연합군에 패퇴했다.

평정해가는 판세였는데, 유비와 손권이 그에 대한 독립변수로 떠오르면서 삼국 과점 체제를 정립한 것이라고 할 수 있다. 위라는 절대 강자에 대항하기 위해 촉한과 오나라는 연합했지만, 동시에 촉한과 오나라의 갈등도 점차 타오르기 시작한다.

인생의 마지막 10년, 절반의 성공으로 아쉽게 마무리하다

적벽전에서 패하고 중원으로 돌아온 208년부터 조조가 사망한 220년까지 약 12년 동안에도 크고 작은 전쟁이 벌어졌다. 하지만 조조는 무엇보다 이 시기에 그동안 쌓은 전리품을 정치적으로 재포장하는 일에 몰두했다. 208년 승상의 자리에 오른 조조는 213년에 위공魏公으로 올라섰고, 216년에는 그보다 한 단계 높은 위왕魏王이 된다. 그리고 그때까지 거의 모든 전쟁에서 자신과 생사고락을 함께한 아들 조비를 태자로 세우는 등 후계 구도를 정비한 뒤, 220년 66세의 나이로 세상을 떠난다.

조조에게 이런 면이?

조조에 대한 전통적 평가는 '간웅'이란 말로 요약할 수 있다. 그러나 21세기의 잣대로 보면 '문무를 겸비한 영웅'이며 '현대 글로벌 자본주의에 가장 적합한 캐릭터'이기도 하다. 〈소설 삼국지〉와 〈역사 삼국지〉 사이에서 균형을 잡는 것, 즉 『삼국지』를 다시 읽는 것은 조조에 대해 다시 생각해본다는 의미이기도 하다. 조조에 대한 낡은 선입관에서 벗어나는 순간 『삼국지』 전체를 조망하는 좀 더 커다란 프레임을 얻을 수 있을 것이다. 조승상부의 벽에는 조조에 대한 이런 선입견을 조금이나마 깰 수 있는

장남과 조카를 죽인 장수張繡가 항복해 오자 조조는 그를 반갑게 맞이한다. 과거의 치욕에 매달리지 않고 그를 수하로 들인 것이다. 조조가 적을 받아들여 자기 사람으로 만든 사례는 수없이 많다. 진시황이 차별 없이 중용한 다른 나라 출신 인재를 객경客卿이라 하는데, 이들의 역량을 한 축으로 하여 천하를 통일한 것과 같은 차별 없는 인재 등용을 조조에게서 발견할 수 있다.

간웅이란 단어로 압축할 수 있는 〈소설 삼국지〉의 캐릭터로 보면 조조는 온갖 호사를 누렸을 것 같다. 하지만 조조는 거처나 의복, 식생활 등 모든 면에서 검소한 모습을 보였다.

조조가 훈련하는 아들의 모습을 지켜보고 있다. 조조는 유비나 손권과 달리 자식 교육에 엄격했다. 그 자신이 그러했듯이 자식들 역시 문무를 겸비한 인재로 키워내고자 했다. 그 결과 조조, 유비, 손권이 죽은 뒤 천하는 조조의 아들에게 돌아갔다.

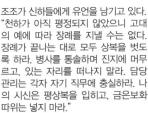

조조가 신하들에게 유언을 남기고 있다. "천하가 아직 평정되지 않았으니 고대의 예에 따라 장례를 지낼 수는 없다. 장례가 끝나는 대로 모두 상복을 벗도록 하라. 병사를 통솔하며 진지에 머무르고, 있는 자리를 떠나지 말라. 담당 관리는 각자 자기 직무에 충실하라. 나의 시신은 평상복을 입히고, 금은보화 따위는 넣지 마라."
천하를 호령했지만 그는 세심하면서도 검소했다. 그가 72개의 무덤을 만들어 진짜 무덤을 감추었다는 황당한 이야기가 전하기도 하지만, 그것은 〈소설 삼국지〉에 실린 허구일 뿐이다.

몇 가지 그림이 새겨져 있다(71쪽 참조).

조조는 한마디로 평가하기 힘든 인물이다. 그에 대한 종합적 평가와 의미를 음미하려면 아직 돌아봐야 할『삼국지』의 흔적이 너무 많다.

조조의 인재 사랑

조승상부로 들어서면 1층, 2층, 3층 건물이 차례로 나오는데 건물마다 주제가 있다. 첫 번째 건물 영현당迎賢堂은 조조의 참모와 장수들을 소개하고 있다. 우선 눈에 띄는 것이 조조가 반포한「구현령求賢令」이다.

대나무에 새긴「구현령」에는 천하의 인재를 얻기 위해 애쓴 조조의 의지가 고스란히 담겨 있다. 그는 210년과 214년 그리고 217년 세 차례에 걸쳐 구현령을 선포했는데, 특히 눈여겨봐야 할 것은 덕성이나 청빈함보다 신분 고하를 막론하고 오로지 능력 위주로 사람을 뽑았다는 점이다.

'능력 위주의 인재 발굴'은 지금의 시각으로 보면 당연한 일이지만, 2,000여 년 전 한나라는 지금과 사뭇 달랐다. 그때는 귀족끼리 서로 충이네 효네 하면서 충효가 있으면 관직을 준다는 명목으로 관직을 독식하던 시대였다. 이에 반해 출신 성분과 무관하게 능력이 있으면 기용한다는 조조의 태도는, 유가儒家의 충효사상을 기득권을 보호하기 위한 옹벽으로 써먹던 당시 집권 지배층과 정면으로 충돌하는 것이었다. 세종대왕이 한글을 만들어 백성의 문화적 욕구를 충족시키고 그들의 지식 수준을 높여 사회의 주류로 올라서게 하려던 것을 기득권을 확보한 사대부들이 극구 반대한 것과 같은 이치다.

능력만 있으면 신분을 가리지 않고 등용한다는 유재시용惟才是用, 유

조승상부의 첫 번째 건물 영현당.

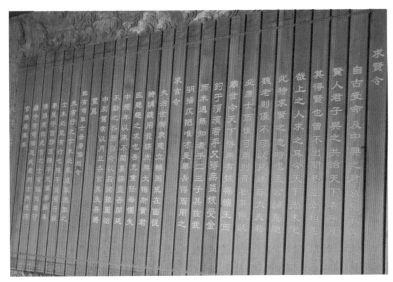

조조가 반포한 「구현령」.

재시거有才是舉 원칙은 조조의 인재 풀을 풍성하게 한 가장 중요한 뼈대였다. 능력 있는 사람을 널리 구해 적재적소에 배치하고 저마다 충분히 역량을 발휘하게 했을 뿐 아니라, 서로 출신이 다른 인재를 '융합'했다는 점에서도 조조는 훌륭한 조직가이자 뛰어난 21세기형 리더라고 할 수 있다.

조조는 비록 적장이라 할지라도 능력이 있으면 거리낌 없이 기용했다. 그의 수하에서 활약한 장료張遼, 악진樂進, 우금于禁, 장합張郃, 서황徐晃 등 내로라하는 장수 중에 조조가 처음 발굴한 장수는 악진 한 명뿐, 나머지는 모두 적군 출신이란 사실이 놀랍지 않은가?

인재를 얻기 위한 그의 정성은 실로 대단했다. 순유荀攸에게는 간곡한 서한을 보냈고, 명사 완우가 산으로 도피하자 불을 질러 나오게 했으며, 태사자太史慈에게는 당귀當歸를 보내는 등 온갖 정성을 쏟았다. 원소와 조응해 자신에게 덤빈 유비를 격파하고 관우를 포로로 잡았을 때에도 조조는 관우에게 순수하리만치 애착을 보였다. 포로 신세인 관우의 마음을 돌리기 위해 집과 미녀를 내주고 온갖 잔치에 자신이 아끼던 명마名馬까지 선물한 것이다.

조조를 극단적으로 폄하한 남송의 학자 홍매洪邁도 그의 인재관만큼은 찬탄해 마지않았다. 그는 "건안 연간에 조조에게 적수가 없었던 것은 단지 그가 운이 좋아서가 아니다"라며 "조조는 사람들에게 적절한 임무를 맡기는 것을 잘했는데 이는 실로 후세인이 미치기 어려운 수준이었다"고 했다.

그러나 〈소설 삼국지〉에서 제갈량은 이를 애써 부정한다.

"조조에게는 천시天時가 있고 손권에게는 지리地利가 있으니, 유비는 인의仁義로 나아가야 한다."

조승상부 영현당을 장식한 조조의 참모들. 조조의 수하에서 활약한 유명 장수 중에서 조조가 처음 발굴한 장수는 악진 한 명뿐, 나머지는 모두 적군 출신이다.

조조에게 천시가 있다는 것은 그의 능력을 객관적으로 인정하지 않으려는 옹졸한 태도일 뿐이다. 솔직히 '조조에게는 인재가 많아 대적하기 힘들다'고 하는 게 맞다.

조조가 그토록 간교한 인물이라면 어째서 천하의 인재가 그렇게 모여들었을까. 반대로 덕이 많다는 유비는 어째서 늘 인재 부족에 허덕였을까. 얼마나 인재가 부족했으면 제갈량이 과로사할 정도로 모든 책임을 혼자 떠맡았겠는가. 제갈량의 과로사가 유비 진영의 엄연한 실상이 아닌가. 이것이 바로 소설과 역사의 차이점이다.

조승상부 벽에는 「건안풍골 영수문단建安風骨 領袖文壇」이라는 제목의 동판이 걸려 있다. 이 말은 조조가 건안문학을 이끌었다는 뜻이다. 조조를 비롯해 그의 아들 조비와 조식 모두 상당한 수준의 시와 부를 남겼는데, 이들을 일컬어 삼조三曹라고도 한다. 이들이 만들어낸 문학 기풍은 당시의 연호를 따서 건안문학이라고 한다.

〈소설 삼국지〉를 통해 익숙해진 조조의 이미지는 '칼을 든 교활한 악인'이지만, 〈역사 삼국지〉를 따라가다 보면 칼 대신 책과 붓을 든 조조를 자주 만나게 된다. 조조는 생애 전반에 걸쳐 숱한 전투를 치렀지만, 틈틈이 대자연을 바라보며 시를 지을 만큼 문학가의 면모도 지니고 있었다.

조승상부 안으로 들어서면 앞마당 정면의 커다란 동판에 부조로 새긴 「관창해觀滄海」라는 그림과 시가 보인다. 중국 중학교 국어 교과서에도 실려 있는 「관창해」는 조조가 북방 정벌을 마친 뒤 돌아오는 길에 발해만 어느 바닷가에서 푸른 바다를 보며 지은 시다.

동쪽 갈석에 다다라 푸른 바다를 보노라[東臨碣石 以觀滄海]
물은 잔잔하고 섬은 우뚝 솟아 있도다[水何澹澹 山島竦峙]
수목이 울창하고 백초가 무성한데[樹木叢生 百草豐茂]
가을바람 소슬하니 큰 파도가 일어난다[秋風蕭瑟 洪波涌起]
해와 달의 운행도 그 속에서 나오는 듯[日月之行 若出其中]
은하수 찬란함도 그 속에서 일어나는 듯[星漢燦爛 若出其裡]
다행히도 나는 보았다 그 뜻을 노래하노라[幸甚至哉 歌以詠志]

– 건안 12년 가을[于建安十二年秋]

조승상부 벽에 걸려 있는 동판 「건안풍골 영수문단」. 조조가 건안문학을 이끌었다는 뜻이다.

조승상부 안의 동판 부조 「관창해」. 조조가 북방 정벌을 마친 뒤 돌아오는 길에 발해만 어느 바닷가에서 푸른 바다를 보며 시를 짓는 모습을 담았다.

사실 발해만의 바다는 부조로 표현한 것처럼 거친 파도가 일지 않는다. 바다보다는 오히려 조조의 시가 훨씬 호쾌한 느낌이다.

반조조 친위 쿠데타

허창 시내 허창영빈관 근처 한 귀퉁이에 귀비원貴妃苑이 있다. 한나라 마지막 황제 헌제의 첩 동귀비董貴妃의 묘다. 동귀비는 누구인가? 한마디로 남자 잘못 만나 처참한 최후를 맞이한 비운의 여인이다.

헌제의 인생은 꼭두각시라는 말로 요약할수 있다. 그는 어려서 즉위할 때 이미 어머니와 외삼촌의 섭정으로 꼭두각시의 삶을 시작했다. 이후 동탁이 황궁을 휘어잡고 국정을 농단할 때 역시 헌제는 찍소리도 내지 못했다. 그나마 제후들이 연합해 대항하자 동탁은 아예 헌제를 질질 끌고 낙양을 떠나 장안으로 천도해버렸다. 왕윤의 주도로 동탁을 제거하긴 했지만 사정은 달라지지 않았다. 이각과 곽사가 권력을 틀어쥔 것이다. 말이 황제지, 숨이 붙어 있는 게 다행일 정도였다. 결국 헌제는 목숨을 걸고 낙양으로 돌아왔지만 그곳은 이미 동탁에 의해 폐허가 되어 있었다. 백성은 물론 헌제도 끼니를 굶을 판이었다. 그때 누군가 짠~ 하고 나타났다. 조조였다.

다른 제후들이 실속을 따지며 이리저리 눈치만 보고 있을 때, 조조는 정치적 도박을 감행한다. 헌제를 허창으로 데려와 의식주를 해결해주고 황제로서 최소한의 체면도 세워주겠다는 것. 굶주린 헌제는 이를 마다할 처지가 아니었다. 하지만 여전히 꼭두각시 노릇을 해야 했다. 이때가 196년, 황제를 품은 조조는 '모든 것은 황제의 명'이라는 절대적 파워를

귀비원. 한나라 마지막 황제 헌제의 첩 동귀비의 묘다. 초라한 표지석이 지키는 황량한 봉분 아래 한나라 마지막 황제의 첩이 잠들어 있다.

행사하기에 이른다.

당장 먹고살 걱정에서 벗어나자 헌제는 비로소 이런저런 생각을 하기 시작한다. '일개 제후에게 의지한 채 의식주만 근근이 해결하는 황제를 과연 황제라 할 수 있을까? 조조가 대권을 휘두를 때 칙서에 이름이나 빌려주는 대리인 신세를 벗어나야 하지 않을까?'

결국 헌제는 조조를 없애기 위해 동귀비의 오빠 동승에게 밀서를 건네고, 동승은 은밀히 동지를 모으기 시작한다. 그리하여 시랑 왕자복, 장군 오자란, 장수교위 충집, 의랑 오석, 서량 태수 마등 그리고 황제와 한 핏줄임을 내세우는 유비가 '반조조 비밀결사'에 이름을 올린다. 그러나 밀서는 궁궐을 장악한 조조에게 곧 발각된다. 이른바 '반조조 친위 쿠데타 기도'를 조조가 그냥 둘 리 있겠는가? 한바탕 피바람이 몰아쳤다. 이미

동귀비 묘만큼이나 초라한 왕윤의 봉분(왼쪽)과 표지석(가운데). 너무 눈에 띄지 않아 현지인조차 찾기 힘들었다. 게다가 도굴꾼에 의해 휑하니 구멍까지 뚫려 있었다(오른쪽).

서량으로 돌아간 지방 군벌 마등과 도주의 귀재답게 용의주도하게 서주로 도망친 유비만 목숨을 부지했을 뿐, 나머지 연루자는 남김없이 처형당했다. 동승과 동귀비를 포함한 일가족도 죽음을 면치 못했는데, 이때 임신 중인 동귀비를 조조가 직접 목 졸라 죽였다고 한다. 이 비극을 기획한 헌제가 조조에게 제발 살려달라고 애원했지만 통할 리가 없었다.

사실 이 사건이 일어나기 전에만 해도 조조와 유비는 적대적 경쟁 관계는 아니었다. 조조 입장에서는 유비를 잠재적 경쟁자 후보로 보고 그저 가까이 묶어두는 수준이었다. 그러나 황제의 친위 쿠데타 밀서에 조응한 사실이 밝혀진 뒤로 유비는 조조의 적으로 낙인찍혔다.

조조는 북방 최대 군벌인 원소와 결판을 내기 전 먼저 배후를 급습할지 모르는 유비를 꺾기 위해 서주로 쳐들어간다. 하지만 유비는 또다시 잽싸게 달아나 원소에게 붙어버린다. 이때 천하제일 무장이라는 관우는 유비의 두 부인과 함께 조조에게 포로로 잡히고, 천하무적 장비張飛는 망탕산으로 도망쳤으니, 도원결의로 맺은 삼형제가 뿔뿔이 흩어진 셈이다.

꼭두각시 황제와 패자를 꿈꾸는 조조, 그리고 여러 조연이 벌이는 쿠데타 기도와 범인 색출의 격류 속에서 목 졸려 죽은 헌제의 첩이 바로 동귀비다. 아무리 황제의 여자일지라도, 호칭에 '귀한 여자'라는 뜻의 귀비貴妃가 붙어도 처절한 권력의 쟁투 앞에서는 별 의미가 없다. 그저 어긋

나면 숙청의 대상이 될 뿐.

오늘날 허창의 신개발지역 한적한 길가에 그 동귀비의 묘가 있다. 초라한 표지석이 지키는 황량한 봉분 아래 한나라 마지막 황제의 첩이 잠들어 있는 것이다.

왕윤의 묘도 동귀비의 묘 못지않게 초라하다. 허창시 북교北郊 청익하淸瀷河 서대제西大堤에 있는 왕윤의 묘는 너무 눈에 띄지 않아 필자를 안내한 현지인조차 찾기 힘들었다. 게다가 도굴꾼에 의해 횅하니 구멍까지 뚫려 있었다.

『삼국지』 8대 미녀

조승상부에서 제일 안쪽으로 들어가면 부시루賦詩樓라는 3층 건물이 있다. 조조의 문학적 업적을 전시해놓은 곳인데, 어찌된 셈인지『삼국지』8대 미녀가 먼저 눈길을 사로잡는다. 남자든 여자든 미녀에게 먼저 시선이 쏠리게 마련인지라 어느새 발걸음도 그쪽으로 향한다. 생각해보니『삼국지』8대 미녀란 말은 당최 처음 듣는 것 같다. 억지로 8대 미녀를 만들다 보니 조조의 딸 조절曹節도 어영부영 그 틈에 끼게 되었다.

〈소설 삼국지〉에서 초선은 왕윤의 수양딸로 동탁과 여포 사이를 갈라놓는 결정적인 역할을 한다. 하지만 〈역사 삼국지〉에서는 동탁의 계집종 정도로 언급할 뿐이다.

여포가 (동탁의) 하녀와 사사로이 정을 통했다[布與卓侍婢私通].

이 한 줄의 문장에서 영감을 얻은 나관중은 상상력을 발휘해 초선이라는 절세미인을 탄생시키고 권력자 동탁을 무너뜨리는 비밀 미션까지 수행하게 한다.

중국에서 4대 미녀 중 한 명으로 꼽히는 초선이지만, 서시와 양귀비, 왕소군이 실존 인물인 데 반해 초선은 실존 여부가 불투명하다. 이름도 물론 허구다. 그런데도 〈소설 삼국지〉에서 우둔하고 힘만 센 여포에 비견해 그 미색을 워낙 강조하다 보니 결국 중국 4대 미녀에 끼는 행운을 누리게 되었다. 역사로 보면 코미디요, 민간 속설로 보면 절세미녀다.

견복은 기구한 여인이다. 그녀는 원래 원소의 아들 원희袁熙의 부인이었지만, 조조의 북방 정벌에서 남편의 가문이 산산조각 나면서 기구한 운명에 처하게 된다.

명문가 출신인 견복은 역시 명문자제인 원소의 아들과 결혼하면서 태생 그대로 귀하게 살았다. 그러나 원소가 전쟁에서 조조에게 패한 뒤 시아버지인 원소는 죽고, 남편마저 멀리 북쪽으로 도망갔다가 그나마 자기편이 되어주리라 믿은 공손강公孫康에게 죽임을 당하고 만다. 그 와중에 견복은 조조의 아들 조비에게 끌려가 두 번째 결혼 생활을 하게 된다. 훗날 그녀가 낳은 아들(조예)이 조비의 뒤를 이어 황제가 되지만 여인네들의 갈등 구조 속에서 결국 조비에게 사약을 받는다. 견씨 가문이 워낙 쟁쟁해서 원소의 근거지를 장악한 당시 조비가 정략적으로 견복과 결혼했다는 설도 설득력이 있다.

오우삼 감독의 영화「적벽대전」에서 조미가 열연한 인물이 바로 상향尙香이다. 영화 속 상향은 맨손으로 말을 기절시킬 수 있고(유비도 기절시킨다), 남자들보다 억세게 전쟁에 뛰어드는 열혈처녀다. 영화에 담지 못한 상향의 이야기를 보면, 주유가 유비를 오나라로 오게 하기 위해 거짓으로 '상향과 유비의 결혼'을 계획했다가, 유비 측에서 오히려 결혼을 기정사실화해 저잣거리에 소문을 내는 바람에 졸지에 늙은 유비에게 시집을 가게 된다.

상향은 워낙 무예를 좋아해 시종들조차 칼을 차고 다니게 하고, 침실도 온통 무기로 장식하는 바람에 남편인 유비가 두려워하기도 했다. 소설에서는 훗날 유비가 이릉전에서 전사했다는 소문을 듣고 강물에 몸을 던졌다고 하지만, 역사에는 유비와 헤어져 혼자 고향에 돌아간 것으로 기록되어 있다. 정략결혼이란 게 다 그렇지, 뭐가 그리 애틋해서 자결까지 하겠는가. 어찌됐건 상향은 〈소설 삼국지〉 여성 중에서 가장 독특하고 매력적으로 묘사된 캐릭터다.

흔히 축융부인으로 불리는 축융祝融은 제갈량이 '일곱 번 잡았다 일곱 번 풀어준' 맹획孟獲의 아내다. 동오의 상향이 무예를 좋아한 여걸이라면, 이 여인은 뼛속까지 싸움꾼인 여장수라 할 수 있다. 그래서인지 칼 들고 서 있는 옆모습에서 여전사의 포스가 그대로 느껴진다. 소설에서는 남편 맹획이 제갈량에게 밥 먹듯이(이것도 소설의 과장이다) 잡혔다 풀려나는 꼴을 보다 못해 직접 전장에 나서지만, 매복에 걸렸다가 '포로 교환'으로 돌아온다. 맹획과 축융, 이 부부는 제갈량의 칠종칠금 이후 항복하는데, 어떻게 그녀가 『삼국지』 8대 미녀에 들게 되었는지는 모르겠다. 아무래도 여기서 말하는 미녀란 '용모가 아름다운 여인'이라기보다 '스토리에 비중 있게 등장하는 여인'이라는 취지인 것 같은데, 조승상부가 소설이 아닌 역사 쪽으로 콘셉트를 잡아 만든 조조 기념관이란 점에 비추어 보면 8대 미녀 운운하는 것은 생뚱맞아 보인다.

214년, 헌제의 부인 복황후가 아버지 복완에게 '조조를 죽여달라'는 밀서를 보낸다. 그러나 이를 눈치챈 조조는 복황후와 그 일족을 몰살한 뒤,

조승상부 부시루賦詩樓.

216년 자신의 딸을 황후로 앉힌다. 『후한서後漢書』에 따르면 조조의 수많은 자식 가운데 조절, 조선曹憲, 조화曹華 세 딸의 이름이 전한다. 조절은 헌제의 황후이고 나머지 둘은 귀인, 즉 첩이다. 세 자매가 어수룩한 한 남자 헌제를 모신 셈이다. 날마다 교대로 헌제를 감시하라고 아버지가 딸들을 보낸 것일까.

그 후 조절은 남편인 헌제가 폐위되고 친오빠 조비가 황제로 등극하자 황후에서 산양부인으로 신분이 강등된다. 당대 최고 권력자의 딸로 태어나 한나라 마지막 황후로 살았고 오빠가 황제로 등극했건만 그녀가 과연 행복했을지는 모를 일이다.

서주를 공격한 조조에게 쫓겨 뿔뿔이 흩어진 유비의 형제들, 그중에서도 관우의 신세가 참 궁핍해졌다. 소설에서 유비의 두 부인인 감부인, 미부인과 함께 포로가 된 관우는 조조에게 세 가지 조건을 내걸고 항복한다.

첫째, 나는 조조에게 항복하는 것이 아니라 황제에게 항복할 뿐이다.
둘째, 두 형수를 예우해야 한다.
셋째, 유비가 어디 있는지 알게 되면 즉시 그리로 가겠다.

역시 소설은 멋지다. 포로가 되어 죽음을 눈앞에 둔 상황에서도 형수를 위하는 마음, 게다가 형님이 계신 곳을 알게 되면 떠나겠다는 결의에 찬 의리……. 하지만 조조가 아닌 황제에게 항복한다는 얘기는, 영리한 나관중이 지어낸 관우의 현란한 대사에 지나지 않는다. 역사에서 이런 항복 조건은 찾아볼 수 없다. 그냥 소설 속 말장난일 뿐.

어찌됐건 소설 속에서 조조는 이 조건을 모두 받아들인다. 뛰어난 인재라면 아무리 적장이라도 품고 싶어 하는 조조가 아니던가. 그런 그이기에 뛰어난 무공과 충직한 성품을 지닌 관우가 탐나지 않을 수 없었을 것이다. 이때부터 조조와 관우의 '엇박자 밀월'이 시작된다.

조조는 관우의 마음을 돌려 충직한 부하로 삼기 위해 무진 애를 쓴다. 번듯한 집도 내주고 미녀도 붙여주고 관직도 내렸을 뿐 아니라, 여포가 타던 적토마까지 아낌없이 내주었다. 소설에서는 3일에 한 번 작은 잔치를, 5일에 한 번 큰 잔치를 여는 등 온갖 향응을 베풀기도 했다. 그러나 관우는 밤마다 등불 아래 홀로 앉아 『춘추春秋』를 읽고 있을 뿐이었다. 적토마만 받아들였을 뿐, 미녀나 잔치에는 관심도 보이지 않았다.

"어찌하여 아름다운 여인보다 말을 더 좋아하시오?"

조조가 묻자 관우가 답한다.

"적토마는 하루에 천 리를 간다고 들었습니다. 유비 형님이 계신 곳을 알게 되면 단숨에 달려갈 수 있겠지요."

조조는 관우의 일편단심 충정에 반해 점점 더 그가 좋아진다. 그래서 더 그를 보내기 싫다. 이때 조조의 참모 순욱荀彧이 말한다.

"관우는 충직한 사람이라 그냥 도망가진 않을 것입니다. 하지만 큰 공을 세우게 되면 그것으로 신세를 갚았다며 홀홀 털고 유비에게 돌아갈 테니 어떤 일이 있어도 전투에는 참전시키지 말아야 합니다."

그러나 조조 군과 원소 군이 격돌했을 때 원소 측의 안량과 문추 두 장군 때문에 무장들이 고전을 면치 못하자 조조는 어쩔 수 없이 히든카드 관우를 내보낸다. 관우의 청룡언월도가 붕붕 허공을 가른다. 기세등등하던 안량과 문추를 연달아 베어버린 관우. 그렇게 전쟁에서 큰 공을 세워 조조에게 진 빚을 갚는다.

그 후 관우는 유비가 조조의 적군인 원소에게 몸을 의탁하고 있다는 사실을 알게 됐고, 조조에게 신세도 갚았으니 애초 조건대로 허도를 떠나겠다고 선언한다. 그러나 여전히 관우에 대한 미련을 떨쳐버리지 못한 조조는 하직 인사를 하러 온 관우를 아예 만나주지도 않는다. 이때의 조조에게 조선시대 성종이 지은 이 시조가 딱 제격일 터.

이시렴 부디 갈따 아니 가든 못할쏘냐

무단히 슬터냐 남의 말을 들었느냐

그려도 하 애도래라 가는 뜻을 일러라

상대의 마음은 아랑곳없이 관우는 그동안 조조에게 받은 금은보화를 깔끔히 정리해 남겨둔 뒤 훌훌 떠난다. 결국 관우의 마음까지 잡을 수는 없다고 판단한 조조는 몸소 나아가 작별 인사를 한다. 이별 장면에서 조조는 이렇게 스스로 정리한다.

"누구에게나 주인은 따로 있다."

아울러 조조는 이별의 선물로 전포戰袍와 금은보화를 건넸으나 관우는 전포만 받아 떠난다. 부하들이 이대로 관우를 보내선 안 된다고 아우성쳤지만 조조는 그를 보내며 절대 추격하지 말라고 명령한다. 적군으로 돌아가겠다는 장수를, 정말이지 통도 크게 그냥 가게 내버려둔 것이다. 한 번도 맞지 않았던 엇박자의 밀월, 원사이드 러브가 끝나는 순간이다.

허도를 빠져나와 북으로 향하는 관우. 그러나 관문에서 출국허가증이 없다는 이유로 관우를 막아선다. 관우의 청룡언월도가 다시 붕붕 난다.

이때부터 오관육참장五關六斬將이라는 멋지고 아름다운 초특급 판타지 액션 드라마가 펼쳐진다. 다섯 개의 관문을 지키던 여섯 장수를 베고 달려가는 관우의 무예도 무예려니와 오로지 단 한 곳, '형님'이 계신 곳을 향해 내달리는 그의 지조가 번쩍번쩍 빛난다. 관우는 그렇게 조조를 떠났다. 소설에 따르면 그로부터 10년 뒤, 두 사람은 적벽전의 마무리 대목에 이르러 화용도華容道라는 길목에서 다시 만나게 된다. 오나라와 촉한의 연합군이 적벽에서 조조 군대를 맞아 압승을 거둘 때였다. 여기서 관우는 패주하는 조조를 사로잡을 기회를 맞는데 이때 조조가 옛정을 생각해 살려달라고 애원하자 우물쭈물했고, 그 틈에 조조가 부리나케 도망가는 것으로 돼 있다. 이로써 조조와 관우 사이의 극적인 드라마가 일단락된다. 하지만 둘의 인연 이야기는 여기가 끝이 아니다. 두 사람의 마지막 만남에서 소설은 그야말로 허구의 완결성을 멋들어지게 갖추게 된다.

관우가 맥성에서 오나라의 군대에 패해 포로가 되자 손권은 관우의 목을 베어 조조에게 보낸다. 상자를 열자 죽은 관우의 머리가 조조를 노려보며 냅다 고함을 친다. 화들짝 놀란 조조는 그날로 병을 얻어 시름시름 앓다가 결국 죽고 만다. 여기까지다.

이상은 〈소설 삼국지〉에 실린 조조와 관우의 이야기다. 이번에는 소설이 아닌 역사의 기록을 살펴보자. 역사에는 아주 간단하게 기록돼 있다.

> 유비의 부장 관우가 하비에 주둔했을 때 조조가 재차 관우를 공격하자 투항했다. (중략) 원소 군의 맹장 안량과 문추가 두 차례 전투에서 죽자 원소 군은 크게 흔들렸다. 조조는 군대를 관도로 보냈다. 원소는 나아가 양무陽武를 지켰고 관우는 이 틈을 타 유비가 있는 곳으로 도망쳤다.
>
> – 진수, 『삼국지』「무제기武帝記」

그 유명한 적벽전 역시 "조조가 장강의 수전에서 크게 패하여 철수할 때 화용도에서 길이 험해 고생하며 군사를 많이 잃었다"는 역사 기록이 전부다. 관우에게 잡히기는커녕 마주친 적도 없다.

그리고 조조는 220년, 그의 나이 66세에 두풍頭風이란 병에 걸려 죽는다. 어떤 병에 걸렸든 그 당시에 66세까지 살았다면 자연사라고 봐도 무방하다. 관우의 귀신이 쫓아와 조조를 죽인다는 이야기는 그냥 나관중이 재미 삼아 들려주는 허구니 그저 허구로 웃어넘기면 된다.

이렇듯 사실관계를 따져보면 관우가 내건 세 가지 항복 조건이나 오관육참장 혹은 화용도에서 머뭇거리다 조조를 살려준 일화, 관우의 귀신에 놀라 조조가 죽었다는 이야기는 전부 〈소설 삼국지〉 속 허구일 뿐이다.

그럼에도 동양의 『삼국지』 팬들에게 관우는 여전히 최고 무장으로, 그

조조와 관우의 이별 장면을 묘사한 관공사조처 입구의 거대한 부조. 왼쪽의 조조 뒤로 보이는 부하들이 이구동성으로 '관우를 죽여야 한다'고 소리치는 듯하다.

리고 조조는 관우를 잡지 못해 안달복달하는 찌질한 인물로 각인되어 있다. 냉정하게 소설과 역사를 나란히 놓고 볼 때 관우만큼 극단적으로 미화된 인물도 없다. 제갈량도 미화되긴 했지만 관우에 비할 바는 아니다.

허구가 심어놓은 감상적 관성에 의해 소설이 역사적 사실을 압도해버린 흔적은 오늘날 허창에서 쉽게 확인할 수 있다. 허창 시내에 위치한 관공사조처關公辭曹處를 찾아가보자. 이곳은 일종의 '관우 기념 공원'인데 시내에 있기 때문에 택시를 타면 금방 찾아갈 수 있다.

정문으로 들어서면 거대한 부조가 나타난다. 조조와 관우의 이별 장면을 묘사했는데, 왼쪽의 조조 뒤로 보이는 부하들이 이구동성으로 '관우를 죽여야 한다'고 소리치는 듯하다. 오른쪽의 관우는 두 형수를 마차에 태워 호위하며 뒤따라온 조조와 작별 인사를 나누고 있다. 마차가 지나고 있는 다리는 파릉교灞陵橋다.

유비를 향한 관우의 일편단심이 사람들에게 감동을 주는 것은 사실이다. 하지만 포로를 적에게 돌려보내는 조조의 대담한 결단과 아량 또한 훌륭하지 않은가? 돌려보내면 강력한 적이 되어 자신에게 창을 겨누리라

관우가 조조에게 떠나겠다는 뜻을 알린 관공사조처(왼쪽)와 현판(오른쪽). 현판 글씨는 중국 현대문학가이자 사학자인 곽말약郭末若(1892~1978년)이 쓴 것이다.

조조가 관우의 하직 인사를 거부하고 만나주지도 않자 하직의 뜻을 고했다는 관우의 서신.

조조와 관우가 말을 탄 채 작별 인사를 했다는 첫 번째 파릉교 앞의 비석 충의신무(왼쪽)와 관우 석상(오른쪽).

파릉교를 재현한 다리. 한나라 당시
그림을 참고해 1990년에 지었다.

관제묘 안으로 들어가면 나타나는
또 다른 파릉교. 청대에 남아 있던
파릉교를 복원한 것이다.

는 사실을 모를 리 없건만 조조는 관우를 끝내 놓아주었다. 영원히 잡아
둘 수도, 죽일 수도 있었지만 그러기엔 관우를 너무 좋아한 것이다. 하기
야 이것 역시 허구의 소설을 재해석한 것일 뿐, 그저 조조가 인재를 아껴
죽이지 않고 있다가 그 포로가 도망간 것이 전부다. '허무 개그' 같은 이
야기다.

  아무튼 〈소설 삼국지〉의 이야기를 차용한 것이지만, 이곳의 이름은
'조조가 관우에게 아량을 베푼 곳'까지는 아니더라도 최소한 '조조와 관

우가 사내답게 멋지게 이별한 곳' 정도는 되어야 하지 않을까. '관우가 조조에게 하직 인사를 한 곳(관공사조처關公辭曹處)', 이렇게 관우를 주어로 하여 명명한 것은 역시 〈소설 삼국지〉가 〈역사 삼국지〉를 압도한 탓일 것이다.

역사야 어찌 돌아갔건 살아서 후侯였던 관우가 죽은 뒤 공公이 되고, 또 왕이 되고 황제가 된 다음, 아예 인간의 세계를 넘어 신까지 된 걸 보면 중국인의 마음속에서 관우는 역사 속 조조를 앞질러도 크게 앞지른 셈이다.

역사와 소설의 경계를 걷는 이방인의 눈에 관공사조처는 마치 조조와 관우가 협주를 했지만 결국 일방적인 관우 찬가로 그린 '불협화음 협주곡'으로 들린다.

관공사조처 안으로 좀 더 들어가면 조조와 관우가 말을 탄 채 작별 인사를 했다는 파릉교가 두 개 더 있다. 첫 번째 파릉교 앞에 있는 충의신무忠義神武라고 쓰인 비석과 관우 석상은 청나라 광서 연간에 세운 것이다. 대체로 관우에 대한 우상화 내지 신격화는 청나라 시절에 가장 열렬했던 것 같다.

그런데 이 다리는 원래 파릉교가 아니라 성내까지 8리 정도 떨어져 있다 하여 팔리교八里橋라 불렸다. 그러다 삼국시대 이후 당나라 때 장안의 파릉교가 '버들가지 꺾어 이별하는 곳'으로 유명해지자 파릉교로 이름이 바뀐 것이다. 하긴 무미건조한 팔리교보다 버들가지 꺾어 이별하는 파릉교가 조조와 관우의 이별 장면에 극적인 효과를 보태주었을 것이다. 결국 팔리교는 파릉교라는 예명藝名으로 나관중의 〈소설 삼국지〉에 등장했고, 이후 그렇게 굳어졌다.

당시 이 다리는 반원형 교공橋孔이 세 개였고 다리의 전체 길이는 90

미터나 됐으며 다리 위로 마차 두 대가 나란히 지나갈 수 있었다고 한다. 다리 밑으로 흐르는 하천 청니하清泥河는 지금도 허창 시내의 서쪽을 관통해 흐르고 있다.

관공사조처 안쪽으로 더 들어가면 1689년 청나라 강희 연간에 지은 관제묘關帝廟가 나타난다. 중국에는 관우의 사당[廟]이나 무덤[墓]이 많다. 낙양의 관제묘에는 손권이 관우의 머리를 베어 조조에게 보낸 탓에 관우의 머리가 묻혀 있고, 관우가 죽임을 당한 당양의 관제묘에는 그의 몸뚱이가 묻혀 있다. 그리고 관우의 출생지인 산서성 운성과 해주에는 각각 그의 옷과 혼이 묻혀 있다고 한다. 이것이 이른바 4대 관제묘다. 이곳 관공사조처의 관제묘는 거기에 끼지 못하는 대신 '관우의 실제 족적이 남아 있는 8대 관제묘 중 하나'라고 주장하고 있다. 사당이지만 무덤이라고 주장하는 듯하다. 어찌됐건 4대니 8대니 하는 중국 대중문화의 통속성과 관우에 대한 대중적 인기를 실감할 수 있다.

충절과 의리의 화신인 무장 관우가 사후에는 부富를 가져다주거나 지켜주는 재물의 신[財神]으로 거듭난다. 이곳 관제묘에 적힌 해설을 보면 관우가 어떻게 해서 재신으로 확장 변신했는지에 대한 일설을 볼 수 있다.

관우는 경서經書에 조예가 깊을 뿐만 아니라 산학算學에도 뛰어났다. 허창에서 조조에게 하직하고 유비에게 돌아갈 당시, 조조가 준 재물을 봉인해서 반납할 때 이를 기록하는 장부를 창제하여 원原, 수收, 출出, 존存으로 나눠 기록했다. 관우의 이런 장부 기장 방법은 상업 발전에 심대한 영향을 끼쳤다. 신의와 청백, 신뢰가 관우 인격의 근본이 된바, 훗날 사람들은 문재신文財神 조공명趙公明과 구별하여 무재신武財神으로 관우를 받들었다.

1689년 청나라 강희 연간에 지은 관제묘.

武财神与许昌:

　　关羽"博学经书，擅长算学"，在许昌辞曹归刘挂印封金时，"创设帐薄"，把曹操赐予的金银财宝按"原　收、出、存"附一帐册。他的这种记帐方法对商业发展中的记帐法产生了深远的影响。关羽的信义清白之举和他的一生诚信为本的人格力量，构成了人们向往的"仁义"、"公正"、"义中求财"的价值取向。故后人把关羽区别于赵公明，比干而敬奉为"武财神"。

관제묘의 해설을 보면 무장 관우가 어떻게 해서 재신으로 변했는지에 대한 한 가지 해석을 볼 수 있다.

그러니까 중국의 상업부기 변천사에 미친 관우의 영향이 지대하다는 이야기다. 이거 참, 믿어야 할지 말아야 할지……. 중국 대학원에서 회계학을 전공한 석·박사나 몇몇 중국인 친구에게 물어봤지만 금시초문이라고 한다. 오랫동안 관우를 신격화하다 보니 상업부기를 창제했다는 이야기까지 등장하기에 이른 것 같다. 하긴 찬양은 찬사를 낳고 찬사는 찬양을 낳는 법이니…….

관우 하면 누구나 긴 수염과 함께 청룡언월도를 떠올린다. 하지만 삼국시대에는 아직 청룡언월도가 존재하지 않았다. 언월도가 처음 등장한 것은 당·송대이며, 훈련 때 위엄을 드러내는 용도로 쓰였을 뿐 실전에서는 사용하지 않았다. 쉽게 말해, 의장대용 무기였지 실전 무기가 아니라는 얘기다. 결국 관우는 〈소설 삼국지〉에서 아직 나타나지 않은 미래의 무기를 들고 싸운 셈이다.

부활한 화타를 다시 죽이다

화타華陀의 출생지는 안휘성 박주亳州이지만, 묘는 하남성 허창 교외에 있다. 넓은 농지 안쪽에 있어 찾기가 쉽지 않다. 〈소설 삼국지〉에서는 조조를 간특한 이미지로 묘사하기 위해 죽은 화타를 살려낸 뒤 다시 죽이기도 한다. 조조를 죽이려고 죽은 화타를 다시 죽이다니, 이게 무슨 소린가?

219년, 관우는 형주 군을 이끌고 방덕이 버티고 있는 번성을 공격하던 중 오른팔에 독화살을 맞는다. 이때 신의神醫라 불리는 화타가 등장한다.

"독이 뼈까지 침투했습니다. 오염된 살은 도려내고 뼈를 긁어내야겠습

허창 교외의 화타 무덤. 화타의 타는 중국에서 佗와 陀 두 글자가 모두 쓰이지만 佗가 더 많이 쓰인다.
우리나라에서는 陀를 주로 쓴다.

니다.”

　말 그대로 ‘뼈를 깎는 고통’이 뒤따르는 수술이다. 인간이 견뎌낼 수 없

는 고통이라고 한다. 그런데 관우는 어땠는가? 화타가 시술하는 동안 왼

손으로 마량과 바둑을 두고 있었다. 역시 관우다.

　이듬해인 220년, 조조가 두풍을 앓을 때도 화타가 등장한다.

　“아무래도 두개골을 쪼개 치료해야겠습니다.”

　화타의 처방을 듣고 조조는 펄쩍 뛰더니 “네놈이 날 죽이려 드는구

나”라며 화타를 죽여버린다. 의연한 관우와 달리 소설 속 조조는 병적인

의심에 가득 찬 간사한 인간이다. 이쯤에서 사전을 뒤적여 화타를 찾아

보자.

화타華陀(145~208년) : 중국 한말漢末의 전설적 명의. '외과의 비조'로 통할 만큼 외과에 특히 뛰어나나, 외과뿐 아니라 내과 · 부인과 · 소아과 · 침구 등 의료 전반에 두루 통하였고, 특히 치료법이 다양하면서도 처방이 간단한 것으로 유명하다.

기막힌 노릇이다. 이미 208년에 사망한 화타가 219년, 220년에 환생해 〈소설 삼국지〉에 출연하다니! 물론 흥미를 돋우기 위해서였다. 〈소설 삼국지〉의 매출을 높이기 위해 우정 출연한 화타의 역할은 단 하나, '관우를 드높이고 조조를 까뭉개는 것'이었다. 명의 화타를 대하는 두 인물의 극명한 차이점만으로도 대중은 '역시 (뚝심 있고 멋있는) 관우!', '역시 (간사하고 쪼잔한) 조조!' 하지 않았겠는가.

독화살을 맞은 관우가 수술을 받은 것은 역사적 사실이지만 시술한 의사는 화타가 아니었다. 하지만 나관중은 이미 죽은 화타를 등장시켜 극적인 소설적 재미를 만들어냈다. 나관중의 기발한 작가적 상상력을 칭송할 수밖에 없다.

천자를 캐디 삼아

허창에서 동북쪽 변두리로 나가면 허전許田이란 시골 마을이 있다. 이름처럼 한가로운 보리밭이 넓게 펼쳐진 곳이다. 인적이 드물뿐더러 여기가 어떤 곳인지 아는 이도 많지 않다. 1,800여 년 전 어느 날, 이곳에서 황제의 일행이 사냥을 하고 있었다. 그때로 잠시 돌아가보자.

196년, 조조는 헌제를 허도로 모신 뒤 의식주를 해결해주며 스스로 권력을 독점한다. 그러나 반심을 품은 무리가 얼마나 되는지, 조정의 정세가 어떻게 흘러가고 있는지 늘 신경을 곤두세울 수밖에 없다.

그러던 어느 날 조조는 조정의 대신들과 함께 천자를 모시고 사냥에 나서게 된다. 난데없이 사냥이라니, 허수아비 헌제는 마뜩잖았지만 조조의 기세를 이겨낼 도리가 없어 따라나선다. 이 소식을 들은 유비도 관우, 장비를 대동한 채 사냥에 참가한다. 황제의 행렬이 성을 나서서 허전으로 향하는 동안 몰이꾼은 먼저 달려가 사냥감을 몰기 시작한다.

일행이 사냥터에 도착하고 티샷을 날릴 준비가 끝나자 마침 풀숲에서 토끼 한 마리가 기다렸다는 듯이 튀어나온다.

"황숙皇叔의 활솜씨가 궁금하오."

헌제의 말이 떨어지기가 무섭게 유비의 화살이 피융 날아가더니 토끼가 그 자리에서 고꾸라진다. 작은 토끼를 잡았으니 쇼트 아이언을 잘 친 셈이다. 헌제가 손뼉을 치며 유비를 칭찬하는 사이, 가시덤불에서 커다란 사슴 한 마리가 놀라 뛰어오른다. 그러자 이번에는 헌제가 말을 달려 사슴을 향해 화살을 쏜다. 1차 시도 실패, 2차 시도도 실패, 호흡을 가다듬고 세 번째 화살을 날리지만 역시 실패하고 만다. 세 번 모두 OB를 내고 말았다

"조 승상께서 한번 쏘아보시오."

헌제는 어궁과 금촉 화살을 조조에게 건넨다. 조조는 황제의 활과 화살을 자연스럽게 받아 들고 말을 몰아 단 한 방에 사슴을 명중시킨다. 커다란 사슴이었으니, 드라이버를 멋지게 날린 셈이다.

병사들이 달려가 사슴의 가슴팍에 박혀 있는 천자의 금촉 화살을 확인한 뒤 일제히 환호성을 지른다.

"황제 폐하 만세, 만세, 만만세!"

조조가 헌제를 모시고 사냥하던 허전의 사녹대. 당시 군사들이 넓게 흩어져 사냥감을 몰아오면 이를 훤히 볼 수 있도록 사녹대를 지었다.

그때 조조가 병사들 앞으로 말을 몰며 태연스레 손을 들어 답례한다. 사슴을 맞힌 이는 조조라 하나 누가 보더라도 조조가 황제처럼 보일 수밖에 없는 장면이다. 뒤따라온 천자는 그저 황당할 따름.

이에 분개한 관우가 조조를 죽이려 하지만 영특한 유비가 재빨리 제지한다. 그사이 조조는 천자의 활과 화살을 허리에 차고서 유유히 돌아간다. 권신 조조가 허수아비 황제를 캐디 삼아 한바탕 사냥놀이를 벌인 것이다.

그때 그 사냥터가 바로 허전이다. 당시 군사들이 넓게 흩어져 사냥감을 몰아오면 이를 훤히 내려다볼 수 있도록 대를 만들었는데, 일명 사녹대射鹿臺라고 한다.

지금은 콘크리트로 대충 세워놓은 허름한 표지판 위로 메마른 흙먼지만 날리고 있다. 머릿속에 『삼국지』를 담고 있는 여행자가 아니라면 구태여 이곳을 찾을 이유가 없다. 한 장소에 어떤 역사가 깃들어 있건 세월이 흐르면 결국 이렇게 티끌만 남는 것일까. 조조와 유비가 무력한 천자를 사이에 두고 활솜씨를 뽐내던 그 자리에 서면, 한창 겨울을 이겨내고 있는 파릇한 보리싹이 눈에 들어올 뿐이다.

천자는 됐고 주 문왕이 제격이다

문봉탑文峰塔이 있는 허창 박물관의 한 귀퉁이로 가면 붉은 난간으로 둘러친 두 개의 비석이 눈길을 끈다. 하나는 수선표受禪表, 다른 하나는 권진표勸進表다.

이 두 비석은 조조가 죽은 뒤 위나라를 물려받은 조비가 마침내 천자의 자리를 찬탈하는 과정 그 자체다.

먼저 조비가 천자에 오르는 과정을 살펴보자.

조비의 천자 등극 작전이 시작되면 우선 군신들이 헌제를 협박해 조서를 내리게 한다. 천자의 자리를 위왕 조비에게 넘길 테니 받으라는 것이다. 하지만 조비가 이것을 날름 받아먹어서는 안 된다. 조비는 이를 사양한다. 물론 짜고 치는 고스톱이다. 헌제가 같은 내용의 조서를 다시 내리지만 이번에도 조비는 사양한다. 여기까지는 작전 초기 단계다.

다음 단계로 들어서면 군신들의 협박을 받은 헌제가 커다란 대를 쌓게 하고, 이를 수선대受禪臺라 명명한다. 그리고 문무백관과 백성을 불러 모은 다음 그 자리에서 위왕 조비에게 천자의 자리를 양도한다고 밝히면서 조비에게 그 자리를 받아들이도록 '간청'하는 절차를 밟는다. 그렇게 천자의 자리를 조비에게 '선양'하는 것이다. 공식적으로 조비는 절대 천자의 자리를 찬탈한 게 아니다. 조비는 절대 그럴 분이 아니라는 것이다.

'선양'을 가장한 '찬탈'로, 강력한 힘을 지닌 자가 탈진한 황제를 상대로 벌인 일방적인 게임이다. 평생을 꼭두각시로 보내다 결국 힘에 짓눌려 천자의 자리를 내주는 헌제에게 동정심이 생길 수밖에 없는 대목이다.

지금은 허창시 서남부의 번성진繁城鎭이란 마을에 흙으로 만든 수선대의 흔적만 남아 있다.

수선受禪은 '나라를 주고받는다'는 뜻으로, 수선표는 한나라의 마지막 황제 헌제가 조비에게 천자 자리를 양위해야 하는 당위성을 화려한 문체로 서술한 내용이다. 그리고 권진勸進은 '그 자리로 나아가도록 권한다'는 뜻으로, 권진표는 조비에게 황제의 자리에 오르도록 권하고 청하는 내용을 담은 것이다. 이 두 비문은 조비가 황제로 등극한 뒤 어사대부로 임명된 문장가 왕랑王郞이 짓고, 당대의 대표적 서도가 양곡梁鵠이 쓴 글을 서

수선표(왼쪽)와 권진표(오른쪽). 수선표는 한나라의 마지막 황제 헌제가 조비에게 천자 자리를 양위해야 하는 당위성을 화려한 문체로 서술했고, 권진표에는 조비에게 황제의 자리에 오르도록 권하고 청하는 내용이 담겨 있다.

예가 종요鍾繇가 새긴 작품이다. 3명의 출중한 재사가 글을 짓고 멋진 필체로 쓰고 정교하게 새겨 삼절三絶이라 부르기도 하지만, 그 내용은 짜고 치는 고스톱을 예찬한 것에 불과하다.

조조가 천자의 자리에 올라야 한다고 했다면 모를까, 그 아들에게 이런 내용을 올린 것은 신하들 대부분이 현실적 이해관계에 충실했다는 반증일 것이다.

드라마를 감상하는 관객의 입장에서 보면, 이미 기울어버린 한 왕조의 종말을 고스란히 몸으로 받아낼 수밖에 없었던 헌제에게 연민의 정을 느낄 법도 하다. 그러나 그 지경에 이른 무능한 황실을 대표해 역사의 호된

평가를 받는 것이 온전히 그의 몫인 것도 부정할 수 없다.

　사실 천자의 자리에서 쫓겨나는 것이 가엾긴 하지만 반대로 그가 황제 노릇을 계속해나가는 것도 온당한 일은 아니었다. 조비가 아니었더라면 헌제가 천자의 자리에 조금 더 앉아 있었겠지만, 백성이 편히 살 수 있도록 나라를 다스릴 만한 능력이나 의지가 있는 왕조는 이미 아니었으니까 말이다. 스스로 존립할 능력이 없는 정권은 누구든 가로챌 먹이에 지나지 않고, 정권의 존재 자체가 백성의 고통일 뿐.

　누구든 가로챌 수 있는 천자의 자리를 막상 조조의 아들이 차지한 것이지만, 어쨌든 미움은 미움대로 받을 수밖에 없다. 권력이란 원래 그런 것 아닌가?

　다만 권력의 쟁투는 쟁투일 뿐이고, 과연 그런 권력쟁탈의 과정과 결과를 통해 백성이 얼마나 더 잘살게 됐느냐 하는 점을 놓고 종합적인 평가를 내릴 필요가 있다.

　조조에게 그토록 안티 팬이 많은 이유는 천자를 마음대로 흔들었고, 그의 아들이 그 자리를 찬탈했기 때문일 것이다. '선양'이니 '수선'이니 하는 형식적 절차를 무시하고 무력으로 싹 쓸어버린 뒤 조조 스스로 황제의 자리에 올랐다면 어쩌면 간奸이라는 악평까지는 듣지 않았을지도 모른다. 그러지 않고 그의 아들이 위왕을 승계하자마자 억지춘향으로 천자의 자리를 찬탈하는 바람에 좀 더 욕을 먹은 것은 아닐지…….

　사실 조조는 애초부터 천자의 자리에는 뜻이 없었다. 조조를 악인으로 묘사한 〈소설 삼국지〉에서도 이 대목은 아주 명쾌하게 드러난다.

　관우가 동오에 의해 죽임을 당한 뒤 손권은 조조에게 이런 간사한 편지를 보낸다.

신臣 손권은 오래전부터 천명이 왕께 내리신 줄로 아오니 엎드려 바라건대 속히 천자의 자리를 잡으시고, 장수를 보내어 유비를 쳐 없애 양천을 소탕하시면 신은 곧 아랫사람들을 거느려 강남 일대를 바치고 항복하겠나이다.

적벽전에서 조조의 수군을 박살낸 손권은 어딜 가고 지금은 스스로 신을 자처하며 정치적 항복을 가장해 유비를 박살내달라고 청하고 있다. '몸을 굽혀 세상을 얻었다'고 할 만한 손권의 진면목을 볼 수 있는 대목이다. 힘의 논리가 지배하는 정치권력의 세계는 이토록 냉정하다. 손권의 간사한 제스처를 빗대어 신하들이 천자의 자리에 오르도록 재차 권하자 조조는 이렇게 말한다.

"오랫동안 한漢을 섬기며 백성에게 많은 공덕을 끼쳤으나 이제 나는 왕의 지위에 앉아 명성과 벼슬이 높으니 이 이상 어찌 다른 생각[天子]을 품으리오. 진실로 천명이 내렸다면 과인은 주周 문왕文王이나 되리라."

그냥 힘으로 밀어붙여도 거뜬히 천자가 될 수 있는 그가 주 문왕이나 되겠단다. 주 문왕은 아들 무왕이 천자의 자리에 올랐지만 자신은 끝까지 은나라를 섬긴 인물이다. 스스로 주 문왕에 빗대어 말한 것은 조조가 그저 위왕으로 만족하고 자신의 후계자로 하여금 새로운 왕조를 열게 하겠다는 뜻이다. 명분상으로도 옳을뿐더러 자수성가한 인물로서 겸양의 제스처도 제대로다. 그러면서도 언젠가 한나라 황실을 폐하겠다는 정치적 선언도 담고 있다. 어떻게 처신해야 하는지 잘 알고 있는 그의 영특한 지혜를 엿볼 수 있다. 조조는 이런 인물이다.

작은 산 하나조차 구경하기 힘든 하남성 평야, 그 너른 땅이 모두 논과 밭이다. 일부러 멀리서 찾아온 길손에게 무엇 하나 보여줄 만한 게 없는 그저 그런 곳.

그러나 그 논밭 어딘가에 사람이 나고 살고 죽은 이야기가 겹겹이 쌓여 있다. 시간이 흐르면서 사람과 자연과 꿈과 슬픔이 어우러져 희뿌연 연무로 사라진다. 조조의 흔적을 찾아다니는 걸음도 그 풍경 앞에서는 잠시 쉬어간다. 산이 없어 밭 한가운데 땅을 파고 무덤을 만든 사람들, 누군가 죽었고 누군가는 묻힐 곳을 만들어주고, 또 누군가는 떠난 사람을 보내려는 순간이다.

고개를 돌리면 뿌연 하늘 아래 먼저 떠난 이들의 무덤이 고요히 잠들어 있다. 밤새워 『삼국지』를 읽으며 뒹굴던 시절, 거기 등장하는 수많은 인물의 이름을 적어놓고 한 사람 한 사람 죽을 때마다 X 표를 하던 기억이 난다. 이름 없는 군졸의 목숨까지 더하면 참으로 무수한 사람이 강호의 한복판에, 혹은 그 언저리에 쓰러져 사라져갔다. 어느 이야기나 그렇듯 무대 위 목숨은 거대한 서사를 완성해가는 스토리의 부속품에 지나지 않는다. 이야기 속에서 때로는 왕의 욕망에 의해, 때로는 장군의 오판으로 떼죽음을 당하는 군졸과 평민의 목숨은 너무도 가볍게 느껴진다. 그러나 역사와 소설 사이에서 걸음을 잠시 멈추고 텅 빈 들판과 이름 모를 무덤을 바라보노라면, 우리가 밤새워 흥미진진하게 읽은 소설 속 숱한 등장인물이 하나같이 무거운 생명의 값어치를 지닌 인간임을 새삼 깨닫게 된다.

가끔 이런 질문을 던지는 사람이 있다.

하남성 평야. 그 너른 땅이 모두 논과 밭이다. 보리밭 한가운데 봉분을 쌓고 있다.

"『삼국지』에 나오는 인물 중에 당신은 어떤 캐릭터에 가까운가?"

조조와 유비, 손권, 관우, 장비, 여포, 조자룡……. 〈소설 삼국지〉 속 무수한 인물이 저마다 뚜렷한 성격과 운명, 재능과 가치관을 지니고 있기에 이런 질문이 가능할 것이다. 사람들은 잠시 소설과 영화, 드라마 속 『삼국지』를 떠올리며 알 만한 이름을 대곤 한다. 그러나 내가 지금껏 들은 가장 인상적인 대답은 이것이었다.

"나는 아무래도 관도전이나 적벽전 같은 전투에서 공적도, 흔적도 없이 전사한 무명의 병졸인 것 같소."

초라한 황제의 무덤

허창의 동남쪽 어느 한적한 교외, 방형方形 황토 봉분이 쓸쓸하게 남아 있다. 후한의 마지막 황제 헌제의 무덤이다.

헌제는 54년을 살았다. 어떤 인생이었느냐고 묻는다면, 그저 그냥 살다 갔다고 대답할 수도 없는 그런 삶이었다.

그 시대에는 황제가 자신의 아들 가운데 하나를 태자로 정하는 것이 일반적이었다. 당시 중원 세계에서는 이것이 안전하면서도 안정적인 정권 이양 방법이었다. 따라서 입만 열면 한나라 황실을 부흥해야 한다는 유비의 간교한 말이 먹힐 수 있었다. 하지만 그런 충성을 제대로 받아들이려면 황실 스스로 해결해야 할 최소한의 조건이 있었다. 그 가운데 하나가 '선임 황제에 의한 후계자 양성 프로그램'이다. 그런데 한 무제 말년부터 이 시스템이 완전히 무너지는 바람에 황실의 형편은 더욱더 무인지경이 되고 말았다.

가령 후한의 황제 중 11대 환제와 12대 영제는 13세에 황제가 됐고, 13대 소제少帝는 14세에, 그리고 마지막 황제 헌제는 9세에 등극했다. 난감하기 짝이 없는 아동 황제들의 시대다.

사실 후한의 황실은 4대 황제 이후 기본적으로 차기 황제를 인재로 육성하기 이전인 '생산 단계'부터 이미 실패한 황실이다. 물론 열 살 남짓한 나이에 황제가 된 당사자들 역시 개인적으로 불행한 인생이었겠지만 그것은 개인의 입장이고, '황실'이라는 가문 자체를 놓고 보면 이유야 어찌 됐건 후계자 양성 프로그램이 완전히 망가졌다는 것을 증명할 뿐이다.

어린 나이에 핏줄이라는 이유만으로 등극한 한나라 말기의 황제들은 그때부터 어머니와 외척, 환관에게 둘러싸여 양육당하고 이용당하기 시작한다. 일단 황제 취임 초기에는 대부분 어머니의 수렴청정과 외삼촌의 권력놀음에 끌려다니는 꼭두각시가 될 수밖에 없다. 운 좋게 죽지 않고 성인으로 성장하더라도 걸음마를 뗄 때부터 365일 24시간 돌봐준 환관 밖에 믿고 기댈 데가 없어 결국 그들에게 권력의 대부분을 나눠줘야 하는 불행한 처지를 벗어나기 힘들다.

13대 황제 소제는 기록상으로만 황제 자리에 올랐다가 몇 개월 만에 폐위되고, 이듬해 동탁에 의해 살해당하고 만다. 그 후 떠밀려 등극한 헌제 역시 동탁의 허수아비가 되고, 동탁이 죽은 뒤에는 이각과 곽사에 의해 새장 속에 갇힌 꼴이 된다. 이후 이각과 곽사가 권력을 두고 다투는 와중에 장안을 탈출해 낙양으로 돌아갔지만 그곳은 이미 폐허가 되어 있었다. 굶어 죽을 지경에 처한 가엾은 황제를 위해 선뜻 나서는 사람은 없었다. 제후들은 말로는 '황실을 부흥해야 한다'고 떠들어대지만 그에 따른 엄청난 금전적·정치적 부담 때문에 서로 눈치만 보고 있었다. 이때 조조가 구원투수를 자청해 황제를 허도로 데려가면서 이들은 정치적 타

① 후한의 마지막 황제 헌제의 무덤.
② 5~6미터 높이의 봉분에 계단이 있다.
③ 계단 위로 올라가면 놀랍게도 봉분 위에 밭이 펼쳐져 있다. 누군가 농사를 짓고 있다.
④ 무덤 옆구리에는 도굴꾼이 파놓은 구멍까지 휑하니 뚫려 있다.

민제라고 쓰여 있는 헌제의 무덤 표지석. 헌제는 천자 자리를 헌납해서 헌제고, 민제란 평생 근심에 묻혀 살았다는 뜻으로 유비가 정해 올린 시호다.

협을 하게 된다. 헌제는 조조를 통해 신변의 안전과 함께 의식주 문제를 해결하고, 조조는 황제의 명을 언제든지 좌지우지할 수 있는 정치력과 명분을 획득한 것이다. 이런 상황에서 헌제는 비록 꼭두각시에 불과했지만 그래도 황제 자리에 21년간이나 앉아 있을 수 있었다. 황제 자리를 넘긴 뒤에도 54세까지 살아남았다. 처첩이 '반조조 친위 쿠데타'에 연루되어 둘씩이나 조조에게 살해되었지만 조조의 세 딸을 처첩으로 얻기도 했으니, 이전 황제들이 10대에 황위에 올라 불과 몇 년 만에 살해당한 것에 비하면 그래도 나은 삶을 살았다고 해야 할 것이다.

그 헌제의 묘가 허창시 외곽의 어느 밭 가운데 초라하게 남아 있다. 그런데 표지석에는 헌제가 아니라 민제愍帝라고 쓰여 있다.

헌제는 천자 자리를 헌납해서 헌제고, 민제란 평생 근심에 묻혀 살았다는 뜻으로 유비가 정해 올린 시호다.

헌제가 황제 자리에서 내려온 다음 해에 황제가 죽었다는 소문이 촉한에 전해지자 유비는 곧 민제라는 시호를 올리고 스스로 황제가 된다. 사실 헌제는 멀쩡히 살아 있었는데……. 물론 모르고 그랬겠지만, 정말로 한나라 황실을 부흥해야 한다고 생각했다면 본인이 황제에 오를 게 아니라 어떡하든 황실의 핏줄을 찾아 새로운 황제로 옹립했어야 하는 게 아닐까? 적어도 평생 그토록 대의大義를 부르짖은 유비라면 말이다. 유비는 사기꾼 기질이 다분한 간교한 출세주의자임이 틀림없다.

헌제는 죽어서도 참 딱한 황제다. 5~6미터 높이의 봉분에 어째서 계단이 있을까 하며 올라가보니 놀랍게도 봉분 위에 밭이 펼쳐져 있다. 누군가 농사를 짓고 있는 것이다. 옆구리에는 도굴꾼이 파놓은 구멍까지 휑하니 뚫려 있다. 큰비라도 내리면 곧 허물어질 것 같은, 그러나 황토가 굳어 허물어지지도 않는, 이것이 한나라 마지막 황제의 무덤이다.

궁과 보리밭 사이의 시간

조조가 헌제를 모셔온 허도의 실제 위치는 지금의 허창시 시내에서 다소 떨어진 장반고성張潘故城이다. 지금은 그저 넓디넓은 보리밭에 몇몇 유지와 흔적만이 남아 있을 뿐이지만, 196년 당시엔 꽤 위풍당당한 풍경이었을 것이다.

그러나 궁이 아무리 웅장하고 화려한들 무슨 소용이랴. 조조에게 일신을 위탁하며 모든 권세를 빼앗긴 천자에게는 그저 '연금' 중인 가택에 불과했을 것이다. 다만 오늘날 드넓은 보리밭 한가운데 15미터 높이로 우뚝 서 있는 육수대毓秀臺만이 헌제가 천자 노릇을 할 수 있는 유일한 장소였다.

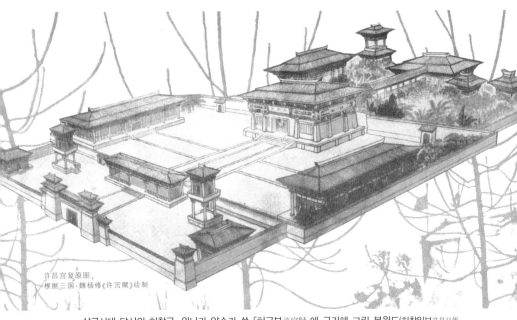

許昌宮復原图,
根据三国·魏杨修《许宮賦》绘制

삼국시대 당시의 허창궁. 위나라 양수가 쓴 「허궁부許宮賦」에 근거해 그린 복원도(허창일보許昌日報,
2010년 1월 30일자).

육수대는 하늘에 제사를 지내던 곳이고 그것은 곧 천자의 의례였으니
제아무리 조조라도 이 의식 자체를 자신이 할 수는 없었을 것이다. 동행
한 허창의 향토 사학자 유지걸劉志杰 씨가 육수대를 바라보며 이렇게 덧
붙였다.

"연금 상태로 살던 헌제에게 그나마 자신이 천자라는 것을 자각할 수
있었던 유일한 곳이 이곳이었을 겁니다."

그러니까 육수대는 허도에서 헌제가 오를 수 있었던 가장 높은 곳인
셈이다.

당시 헌제는 이곳에 올라 한창 발전해가는 도성을 한눈에 내려다보았
을 것이다. 그러나 지금은 푸른 보리밭과 토성의 흔적만 어렴풋이 보인
다. 어쩌면 1,800년 전 헌제의 심상 풍경도 이렇지 않았을까?

보리밭을 걷다 보면 시대를 알 수 없는 기와 조각과 벽돌 조각이 발에

드넓은 보리밭 한가운데 15미터 높이로 우뚝 서 있는 육수대(맨 위)와 아래쪽으로 보이는 보리밭(위).
헌제는 이곳에 올라 한창 발전해가는 도성을 한눈에 내려다보았을 테지만, 지금은 보리밭과 토성의
흔적만 어렴풋이 보인다.

보리밭에 흩어져 있는 기와 조각과 벽돌 조각. 대부분 한나라 시대 것이라고 한다.

툭툭 걸린다.

"이 조각들은 대부분 한나라 시대 것이죠."

유지걸 씨가 툭 내뱉는다.

"설마……."

그러자 설명이 이어진다.

조조가 헌제를 모셔오면서 이곳은 한나라 수도가 된다. 그때부터 허창성의 내성과 외성에 수많은 건축물을 지었다. 그 뒤 조비가 황제 자리에 오르고 낙양으로 도성을 옮긴 후에도 허창은 위나라 다섯 개 도읍의 하나로서 그 위상을 잃지 않았다. 그러다 위나라가 사마씨의 진晉나라로 뒤집어지고, 그 진나라 역시 북방 유목민족에게 무너지면서 남북조시대가 된다. 내전의 혼란 속에서 허창은 완전히 폐허가 되고, 이곳에서 그리 멀지 않은 진조향陳曹鄉이 행정 중심지가 된다. 그 후 다시 현재의 허창시 중심가인 위도구魏都區 지역으로 옮겨간다. 삼국시대 당시의 허도 이후 다른 특별한 것이 없었으니 지금 나오는 기와 조각은 한나라 때 것이라는 논리다. 진위를 가릴 수는 없지만, 이 조각난 그릇 중 어떤 것은 조조나 헌제의 밥그릇이었을 수도 있겠다. 그러거나 말거나 이 보리밭을 일구며 살아가는 농부들에겐 그저 농사에 방해가 되는 돌조각일 뿐이다.

한적한 시골에서 작은 해[小年]를 보내다

음력 12월 23일, 중국 최대의 명절인 춘절春節이 시작되는 날이다. 중국에서는 이날을 '작은 해를 보낸다'는 뜻으로 과소년過小年이라 부른다. 그리고 음력 12월 말일이 과대년過大年으로 가장 큰 날이고, 춘절이 끝나는 음력 정월 보름을 원소절元宵節이라 부른다.

과소년부터 원소절까지, 즉 음력 12월 23일부터 1월 15일까지가 중국 농촌의 전통적 춘절이다. 그래서 중국에서는 '설날에 한 달간 논다'고 한다. 물론 지금은 설날의 앞뒤 주말 2일씩과 설날 연휴 3일을 합쳐 7일간을 연휴로 한다.

과소년 아침에는 어린 자녀들을 데리고 집 근처의 사당에 가서 아이의 앞길을 축원한다. 샤오녠[小年]이란 말이 아이를 뜻하는 말 사오녠[少年]과 비슷하기 때문이다. 이날 주민들은 주로 현자의 사당을 찾는데 마침 답사 여정 중에 그런 인물이 있었다. 바로 조조의 참모를 지낸 순욱과 순유다.

순욱과 순유는 한집안 사람이다. 특히 총명하고 유능한 순욱은 원래 곽가, 허유와 함께 원소의 참모였다. 그러나 속 좁은 귀족 출신 원소의 휘하에 있을 때가 아니라 인재를 알아보는 조조의 진영으로 넘어가서 제 실력을 유감없이 발휘했다. 순욱은 200년, 조조가 관도에서 원소와 힘겨운 전면전을 펼칠 때 '뒤로 물러나면 죽음'이라며 끝까지 조조를 독려하고 밀어붙여 결국 승리하게 했다. 하지만 훗날 조조가 위공에 오르려 할 때 '한나라 신하로서 대의에 맞지 않는다'고 반대하다 좌천된 뒤 결국 조조의 암시를 받아 스스로 목숨을 끊었다.

순욱은 아버지 대의 8형제가 모두 명사였는데, 이들을 모신 묘가 바로 허창 문봉북로文峰北路 근처의 진장촌陣庄村에 위치한 한순씨팔룡총漢荀氏八龍塚이다. 마침 샤오녠[小年]을 지내는 날이라 한순씨팔룡총에서는 많은 동네 주민이 아이들을 위해 축원하고 있었다.

한순씨팔룡총.

곧 팔려갈 수탉들. 온 가족이 수탉 요리(암탉은 금물)를 먹는 것이 허창 사람들의 샤오녠 풍속이다.

샤오녠을 지내는 날이라 많은 동네 주민이 아이들을 위해 축원하고 있다.

3
후계 구도를 완성하다

어느 기녀의 러브 스토리에 눈물 흘린 조조

안휘성 박주亳州 시내에서 삼륜차를 타고 위무대도魏武大道를 따라 가다
보면 '조씨 공원曹氏公園'이 보인다. 조씨 일가의 무덤과 조조 기념관이
있는 곳이다. 역시 조조의 고향답다.

조조 석상이 조조 기념관 앞과 박주 역전 광장 두 곳에 있는데 모두 간
웅이라는 느낌은 조금도 찾아볼 수 없다. 당당하고 위엄 있는 자태에서
범접하기 힘든 카리스마가 느껴진다.

조조의 고향인 이곳에 오래전부터 전해 내려오는 이야기가 있다. 조조
에 관한 것이지만 〈소설 삼국지〉에도 나오지 않는 야사로 전해져온 이야
기다.

조씨 공원 입구. 조씨 일가의 커다란 무덤들과 조조 기념관이 있는 곳으로, 조조의 고향답다는 느낌이 든다.

동탁이 헌제를 깔고 앉아 떵떵거릴 무렵, 한나라 수도 낙양에 내앵아來鶯兒라는 유명한 기녀가 있었다. 명가무기名歌舞妓, 곧 춤이면 춤, 노래면 노래 무엇 하나 빠질 게 없는 빼어난 인기 스타였다. 무대 위에서는 끼를 발산하며 관객을 매료시켰지만 무대에서 내려오면 과묵하고 단아한 여인이 되어 고고한 매력을 풍기는, 한마디로 타고난 예인이었다고 한다.

그런데 동탁에 반대하는 제후들이 반동탁 연합군을 결성해 낙양으로 쳐들어오자 동탁은 장안으로 수도를 옮기면서 로마의 누구처럼 낙양을 깡그리 불태운다. 도시가 잿더미로 변하고 말았으니 내앵아 역시 '광풍에 휩쓸린 한 송이 꽃' 같은 신세가 될 수밖에.

엄청난 혼란 속에 하루하루가 위태롭기만 한 그때, 내앵아에게 누군가 구원의 손길을 내밀었다. 그가 바로 조조다.

강산을 사랑하고, 인재를 사랑하고, 미녀 또한 사랑해 마지않는[愛姜山 愛人才 更愛美女] 조조가 당대 최고 프리마돈나를 외면할 리 없을 터. 애간 장을 녹이는 그녀의 목소리와 부드러운 춤사위에 흠뻑 반해버린 것이다. 조조는 뒤숭숭한 난국에도 그녀를 친히 거두었다. 이후 제후들 간의 권력쟁탈 전쟁에 온몸을 던지며 종횡무진하는 조조를 따라 그녀는 이곳저곳 전장을 누볐다. 자신을 거두어준 은인을 위해 전란 중에도 노래와 춤으로 복무한 것이다.

그러다 일이 터졌다. 사람이 하는 일 중에 가장 컨트롤하기 힘든 것이 바로 남녀 간의 사랑이 아니겠는가. 미모와 예능을 겸비한 내앵아는 조조의 호위병 왕도王圖를 사랑하게 되었다. 조조가 아끼는 전속 무희와 조조를 호위하는 병사가 깊은 사랑을 나누는 동안 군국대계에 여념이 없던 조조는 이를 전혀 눈치채지 못했다. 호위병 왕도의 주요 업무는 말을 조련하는 것이었는데 조조가 그의 능력을 인정하면서 중요한 임무를 맡기게 된다. 소대 병력을 이끌고 적진에 침투해 군량 창고의 위치를 비롯한 여러 정보를 캐오는 것이었다. 목숨을 건 이 첩보 임무를 완수하느냐 못하느냐에 따라 그의 앞날이 결정될 터였다.

왕도는 자신이 없었다. 죽음도 두려웠지만 사랑하는 사람을 다시 볼 수 없을지도 모른다는 생각에 마음이 한없이 약해졌다. 그날 밤 왕도는 눈물을 흘리며 내앵아에게 자초지종을 고했다. 이미 걷잡을 수 없는 불같은 사랑에 빠져버린 내앵아는 떠나야 하는 정랑情郞을 부둥켜안고 밤새 울며 놓아주지 않았다. 시간이 어떻게 가는지도 모른 채 울다 보니 어느새 날이 밝아버렸다. 그런데 아뿔싸, 출발 시각을 놓치고 말았다!

조조 기념관 앞에 우뚝 서 있는 조조 석상. 간웅이라는 느낌은 찾아볼 수 없으며, 당당하고 위엄 있는 자태에서 범접하기 힘든 카리스마가 느껴진다.

　조조가 누군가. 위법에 대해서는 칼로 엄하게 다스리는 인물이 아닌가. 그러니 엄중한 군령을 위반한 왕도가 어떤 처벌을 받게 될지는 불 보듯 뻔한 일. 당장 투옥되어 참수에 처해질 판이었다. 바로 그때 내앵아가 달려와 조조 앞에 엎드려 흐느껴 울기 시작했다. 창백한 얼굴, 애처로운 목소리로 그녀는 호소했다.

　"한 남자를 사랑했답니다."

　오페라의 하이라이트를 장식하는 절절한 아리아처럼 그녀는 어떻게 왕도를 사랑하게 되었는지, 그를 얼마나 사랑하는지 구구절절 고백하며 애원했다.

"부디 그이를 대신해서 죽을 수 있게 해주소서."

조조가 누군가. 정치적 업적보다 문학적 업적이 뛰어난 인물이 아닌가. 사랑하는 사람을 대신해 죽게 해달라는 내앵아의 러브 스토리에 감동하지 않을 수 없었을 것이다. 조조가 남긴 문장 중에 이런 것이 있다.

술잔을 놓고 노래하네[對酒當歌]

산다는 것은 과연 무엇인고[人生幾何]

한낱 아침이슬처럼[譬如朝露]

지나간 시간은 그렇게 쓰디쓴 것을[去日苦多]…….

냉철하되 열정적이고, 이성적이되 뜨거운 가슴을 지닌 조조는 이때 기지를 발휘해 내앵아에게 한 가지 조건을 제시했다.

"네가 죽으면 귀한 재주가 세상에서 사라질 터이니, 다른 시녀들을 모아 한 달 안에 네가 가진 모든 재주를 전수하도록 하라."

이른바 가무의 정석을 한 달 안에 성공적으로 인수인계하면 왕도를 대신해서 죽을 수 있게 허락한다는 얘기였다.

내앵아는 시녀 7명을 모아 맹훈련을 시작했다. 그리고 약속한 대로 자신의 능력을 총동원해 한 달 안에 임무를 완수했다. 그렇게 속성으로 훈련한 무희 7명 중 한 명은 내앵아를 능가하는 실력을 보이기도 했다. 흡족한 듯 손뼉을 치는 조조 앞에 내앵아가 무릎을 꿇고 말했다.

"이제 왕도를 대신하여 죽게 해주소서."

조조는 그녀를 물끄러미 바라보더니 이렇게 말했다.

"너는 대신 죽을 필요가 없다!"

애당초 불가능한 임무를 조건으로 내걸 때부터 조조는 내앵아를 죽일 생각이 없었다. 본인의 재능도 재능이지만 평범한 시녀를 한 달 안에 예능인으로 조련해내는 이 아까운 인재를 어떻게 죽인단 말인가.

그러나 내앵아는 고개를 저으며 말했다.

"세상에 이런 경우는 없나이다. 죄를 지은 자가 법을 넘어서 활보한다면 저 자신도 견디기 어려울뿐더러 승상께서도 많은 사람을 다스릴 수 없게 되나이다. 또한 제가 승상의 은혜를 입었거늘 세상 사람들에게 얼굴을 들 수 없게 되나이다."

조조는 깜짝 놀랐다. 죽음을 자처하면서도 정랑뿐 아니라 주군인 자신까지 배려하다니! 그런데 아직 끝나지 않았다.

"왕도를 보고 싶지 않느냐?"

"대신하여 죽겠다고 결심했을 때 이미 저는 그에 대한 감정을 정리했사옵니다. 잠시 다시 얼굴을 본들 아무런 보탬도 될 것이 없으니, 보지 않는 것보다 못하옵니다."

조조는 감동했다. 한편으로는 왕도보다 지위도 권세도 높건만 자신을 위해 기꺼이 죽어줄 여자가 하나도 없을지도 모른다는 생각이 스쳤을 것이다. 조조는 내앵아에게 말했다.

"왕도를 석방한 후에 너에게 알려주겠노라."

내앵아를 물린 뒤 조조는 급히 감옥에 갇힌 왕도를 불러 그들의 사랑에 대해 물었다. 왕도는 뭐라고 대답했을까?

"제가 그녀를 만나 '판이 열렸기에 놀았을 뿐[逢場作戱]' 진정한 사랑이라고는 말할 수 없습니다."

조조는 하마터면 왕도의 머리를 벨 뻔했다. 화가 머리끝까지 치솟았지만 이미 내앵아에게 그를 살려주겠다고 약속했으니 차마 죽일 수는 없는 노릇. 승상부에서 먼 자리로 내쫓는 것으로 분을 삭일 수밖에 없었다.

내앵류. 내앵아가 죽은 자리에서 자란 버드나무에 그녀의 이름을 붙여주었다.

그러고 나니 이제 고민이 생겼다. 내앵아에게 왕도가 한 말을 그대로 전한다면 대신 죽겠다는 결심은 막을 수 있겠지만, 한편으론 온몸 바쳐 사랑한 남자의 경박한 배신으로 그녀의 삶이 더 고통스러울 것이라는 생각이 든 것이다. 그래서 어쩔 수 없이 이렇게 말했다.

"왕도는 이미 석방되어 고향으로 돌아갔다. 그리고 너의 진정한 마음과 재능을 아껴 죽음을 면해주노라."

그렇게까지 얘기했는데도 내앵아는 왕도를 석방해준 것에 크게 감사할 뿐 자신을 살려주겠다는 은혜는 받지 않겠노라며 정중하게 큰절을 올렸다. 그리고 몸을 돌려 사뿐사뿐 형장으로 걸어가는데, 그 뒷모습이 참으로 단호하면서도 담담해 보였다.

　일생을 전장에서 보내며 온갖 풍상을 다 겪은 조조지만, 그 순간만큼
은 처연한 마음에 자기도 모르게 눈물을 흘리고 말았다. 이것이 조조가
여자를 위해 흘린 '유일한' 눈물이었을지도 모른다.

　몇 년이 흐른 뒤 내앵아가 죽은 자리에서 버드나무 한 그루가 자랐다.
사람들은 그 나무를 보며 이렇게 말했다.

　"바람결에 흔들리는 가지가 마치 내앵아가 춤을 추는 것 같구나. 굵고
튼튼한 줄기는 마치 조조의 굳센 의지 같구나. 사랑하는 이를 위해 목숨
을 던진 내앵아의 숨결과 그녀를 위해 흘린 조조의 눈물이 나무에 스며
들어 잎이 무성하고 푸른빛이 방울방울 떨어지는구나."

　훗날 사람들은 내앵아의 이름을 따서 이 나무를 '내앵류來鶯柳'라 불렀다.

　지금도 조씨 공원 한가운데 그 나무가 자라고 있다. 야사지만 조조에
게도 이런 로맨틱한 이야기가 있다는 게 새삼 반갑다. 그러나 반년 뒤
다시 찾아갔을 때 무슨 연유인지는 몰라도 이전의 설명문은 보이지 않
았다.

조조의 기발한 군사 부풀리기 작전

박주 시내에 조조운병도曹操運兵道라는 지하 동굴이 있다. 성안에서 외부
로 연결된 이 기다란 동굴은 이름 그대로 병사들이 지나는 통로다. 그 가
운데 일부만 일반인에게 공개하고 있으며 지금도 계속 발굴 중이다.

　189년, 동탁이 낙양의 황궁으로 쳐들어가 환관을 주살하고 권력을 잡
은 뒤 소제를 폐하고 새로이 헌제를 세우자 각지의 제후들은 연합군을

조조운병도 입구. 출구와 입구가 따로 있으며 일방통행으로 관람할 수 있다.

조조운병도의 지하로 내려가는 입구(왼쪽)와 좁고 낮은 지하 통로(오른쪽).

결성한다. 이때 연합군의 선봉대장 손견이 동탁 군의 화웅을 베고 쳐들어오자 동탁은 낙양을 불지른 뒤 장안으로 천도를 감행한다. 조조는 동탁을 계속 추격하자고 주장하지만 제후들은 아무도 귀 기울이지 않는다. 제후들이 난국 속에서도 이해관계에 얽혀 우왕좌왕하는 바람에 동탁을 깨부술 수 있는 기회를 놓쳐가고 있었다. 보다 못한 조조는 자기 군사를 이끌고 동탁을 단독 추격하지만 오히려 동탁 군의 반격에 크게 패하고 조조 자신도 활까지 맞고 만다.

제후들의 한심한 작태에 실망한 조조는 고향 박주로 돌아와 다시 군사를 모으기 시작한다. 하지만 병력은 태부족이었다. 적이 만만하게 보고 쳐들어온다면 제대로 방어할 수도 없을 정도였다. '어떻게 하면 병사의 수가 많아 보이게 할 수 있을까?' 조조는 고민 끝에 지하 동굴을 파기 시작한다. 그리고 이 동굴을 통해 병사들이 성안에서 밖으로 반복해 행군하도록 한다. 그렇게 자신의 군대가 실제보다 많아 보이게 함으로써 누구도 쉽게 넘보지 못하게 했다는 것이다.

재미있는 이야기지만 전문적인 고증이 필요하다. 군사가 적어서 고민했다는 조조가 언제 이렇게 긴 동굴을(현재 7킬로미터나 되며 아직도 발굴 중) 팠을까 의아하기만 하다. 이 동굴을 발견한 것도 중일전쟁 당시 군인들이었다고 한다. 당시 일본군의 공습을 피하려고 동굴을 파던 군인들이 이미 1,800여 년 전 선배들이 파놓은 동굴을 발견한 것.

직접 들어가보니 한 사람만 지날 수 있을 만큼 좁은 통로가 복잡한 미로처럼 얽혀 있다. 통로 중간은 천장이 사람 키보다 훨씬 낮고 눈에 띄지 않는 매복 장치도 숨어 있다. 아군에게는 익숙하되 적군에게는 생소한 이 동굴은 함정 역할도 겸했을 것이다. 또 한편으로는 군사나 군량을 외부에 들키지 않고 이동시키는 기능까지 했으니 여러모로 유익한 군사시

설임이 틀림없다.

허창의 운량하처럼 박주의 조조운병도만 보더라도 조조가 병법에 능했다는 것을 충분히 짐작할 수 있을 것이다.

관우, 관우, 어딜 가나 관우

안휘성 박주는 조조의 고향이자, 당대 최고 명의인 화타의 고향이다. 그래서인지 박주는 지금도 중국 4대 약재 시장 중 하나로 손꼽힌다.

조조와 화타, 같은 곳에서 태어나 같은 시대를 살았으며 각자 자기 분야에서 당대 최고 위치까지 올랐지만 이후 한 사람은 힐난의 대상으로, 또 한 사람은 존경의 대상으로 남았다.

화조암華祖庵이라 불리는 화타 기념관 입구에는 한글로 번역한 안내문이 있다. 반가운 마음에 읽어봤지만 오역이 너무 심해 눈살이 찌푸려진다. 망설이다가 직원을 불렀다.

"이거 오역이 너무 심하군요."

그러자 직원 3명이 수첩을 꺼내 든다.

"어디가 어떻게 잘못됐습니까?"

하도 진지한 태도로 물어 일일이 설명하며 어떻게 고치라고 메모까지 해줬다. 본의 아니게 한글 선생 역할을 한 셈인데, 중국의 유적지나 관광지에 있는 한글 설명문 제대로 고쳐주기 캠페인이 필요한 시점인 것 같다.

하지만 엉터리 한글 안내문보다 황당한 것은 화타 기념관 2층 벽에 커다랗게 걸린 그림이었다. 화타가 관우를 치료하는 그림이다.

여기가 관우 기념관이라면 관우가 〈소설 삼국지〉의 주요 인물이라는

Guide to Visitors to Huazu Temple
Introduction to Huazu Temple

Originally named Hua Tuo Temple, Huazu Temple is a place in which peole hold a memorial service for Hua Tuo, a highly skilled doctor in Eastern Han Dynasty. It was first built between the Tang Dynasty and the Song Dynasty. Repaired for many times, Huazu Temple is connected to Former Residence of Hua Tuo, Garden of Steles, Garden of Ancient Chinese Medicine, Traditional Chinese Medicine Heritage Museum, covering an area of 13,000 m2. In 1961, Guo Moruo, President of Chinese Academy of Social Science, autographed "Hua Tuo Memorial Hall "as its name.

Consulting Tel: 5110069   Rescue Tel: 5522587   Complaint Tel: 5551199

화 조 암
관광지소개

화조암는 원래 화타묘이라고 부러 동한나라 때의 유명한 의사 하타를 제사하는 장소이다.당나라 때 짓었는데 몇 번 수리해서 지금 화조암과 화타의 사던 집 ₩비원₩고약원₩한약문화박물관 한 채 되어 면적이 1.3만㎡이다. 1961년.중국사회과학원 원장 곽말익 "화타기념관"직접 자를 적었다.

참문전화:5110069   구원전화:5522587   고발전화:5551199

화타 기념관 화조암 입구(맨 위)와 한글로 번역한 안내문(위).

화타가 관우를 치료하는 그림. 역사적으로는 말도 안 되는 〈소설 삼국지〉 속 허구일 뿐이다.

점에서 어느 정도 이해할 수도 있지만, 화타 기념관에 관우가 등장하는 것은 생뚱맞기만 하다. 화타가 죽은 지 11년 후 귀신이 되어 나타나 관우를 치료했다는 허구에 대해서는 이미 앞에서 이야기했다. 그냥 지나치려다 직원을 불러 이야기하니 그걸 어떻게 알았느냐며 오히려 깜짝 놀란다. 알면서도 걸어둘 수밖에 없는 그림인가 보다. 무리해서라도 관우의 우정 출연으로 화타가 빛나기를 바라는 모양이다. 관우는 중국에서 이정도로 영향력 있는 인물이다.

중국 사람에게 박주에서 가장 가볼 만한 명소가 어디냐고 물으면 아마도 대관제묘大關帝廟, 즉 관우를 모시는 사당을 꼽을 것이다. 박주의 대관제묘는 중국에서도 국보급 문화재다. 1656년 청나라 순치 연간에 관우의 고향인 산서성의 상인 왕벽王璧과 섬서성 상인 주공령朱孔領이 건립했고, 20년 뒤인 1676년에 공연 무대인 희루戲樓를 추가로 지었다. 그런데 희루 곳곳에 화려한 그림과 목각이 많아 속칭 '화희루花戲樓'라 부르게 되었다. 박주에서는 대관제묘보다 화희루라는 명칭이 더 자주 쓰인다.

관우를 모시는 사당인 대관제묘. 화려한 정문 양쪽에 쇠로 만들어 세운 높이 16미터, 무게 6톤의 깃대가 눈에 띈다.

정문부터 화려하다. 양쪽에 쇠로 만든 깃대가 서 있는데 높이 16미터에 무게는 6톤이나 된다. 다섯 마디로 된 깃대를 용이 휘감고 있고, 사각형 장식에 종이 달려 있는데 바람이 불면 낭랑한 종소리가 울린다.

관우가 사후에 왕王이 되고, 제帝가 되고, 신神이 되기까지 관우의 출생지인 산서성 상인의 역할이 컸다. 특히 소금 산지로 유명한 산서성 해주解州의 경우 상인들이 전국을 누비며 각지에서 관우를 수호신 내지 재물신으로 모시자 더욱더 관우 숭배가 퍼져나갔다. 그리하여 오늘날 조조의 고향 박주에서도 관우는 화려하게 빛나고 있다.

유비와 손권 그리고 조조. 천하를 삼분해 하나씩 꿰찬 이들 빅3 가운데
조조는 거의 모든 면에서 다른 두 경쟁자보다 약간 혹은 월등히 우위에
있었다. 골프 용어로 말하면 사실상 '와이어 투 와이어' 우승인 셈이다.
그중에서도 눈에 띄는 것이 바로 후계 구도다.

기업이든 정부든, 큰 조직이든 작은 동호회든 일반적으로 후임자에 관
한 일은 뭔가 다 끝낸 다음 신변을 정리하는 차원으로 가볍게 생각하는
경향이 있다. '있을 때나 잘하자'는 식으로 자신이 떠난 뒤의 일에 대해서
는 상대적으로 소홀해지기 쉽다.

한 조직의 대표나 리더는 재임 기간에 능력 있는 후보자를 발굴해 잘
키워내야 할 책임이 있다. 이걸 제대로 못하면 재임 중의 업적이 아무리
훌륭해도 퇴임 후 평점을 갉아먹게 된다.

유비의 아들 유선劉禪은 비록 성품은 착했지만 황제의 그릇이 되지 못
했다. 애초에 그릇이 아닌 유선에게는 '신출귀몰 제갈량'을 10명쯤 붙여
놓아도 소용없었을 것이다. 그러니 어떻게 천하 대업을 완수할 수 있겠
는가. 그렇다면 다른 아들 중에서 황제감을 골라 키워야 하는데 유비에
게는 다른 아들이 없었다. 그런 만큼 유비는 재임 기간에 (물론 정신없이
도망 다니는 시절이었지만) 시스템을 잘 만들어 그 시스템에 의해 국가가
발전하도록 신경 써야 했다. 그런데 그걸 해내지 못했다. 유비는 아들을
많이 낳을 의무도 있었다. 그러나 실적은 빈약했다.

그런 면에서 오나라의 손권은 '시스템에 의한 후계 구도'의 수혜자라
할 수 있다. 손권은 형 손책이 일찍 죽으면서 어린 나이에 권력을 이어받
았다. 하지만 손책의 친구와 책사들이 손권을 중심으로 힘을 모았기에

오나라는 삼국 중 두 번째 강국이 될 수 있었다. 손권은 '형의 사람들'에게 몸을 굽혀 그들을 중용함으로써 권력을 안정되게 유지할 수 있었다. 하지만 손권은 권력을 받을 때와 달리 사후 후계 구도를 구축하는 데는 실패했다. 이미 태자로 봉한 아들을 폐위했고, 그 태자와 부적절하게 경쟁하며 떠오른 아들도 자살하지 않았던가. 그리하여 늘그막에 얻은 여덟 살배기 늦둥이를 태자로 세웠지만 제대로 풀릴 리 없었다.

한편 조조는 유비, 손권과 확실히 달랐다. 그는 일찍이 아들들을 전쟁터와 관직에 내보내 OJT(On Job Training)를 시켰고 서로 치열한 경쟁을 하도록 유도했다. 자식들이 실용적인 지식과 지혜를 몸소 터득할 수 있도록 꾸준히 최선의 환경을 만들어준 것이다.

그런데 조조의 맏아들이 위기의 순간에 아버지 조조를 구하고 장렬하게 전사하는 일이 벌어졌다. 권력을 이어받을 중요한 아들을 전장에 보내다니, 그러니까 그런 비극을 맞이한 게 아닌가.

물론 그렇게 볼 수도 있다. 하지만 조조는 자신의 후계자가 될 소중한 아들을 끼고 돌며 곱게 키우지 않았다. 자식은 아낄수록 유약해지기 때문이다. 거친 세상에서 스스로 일어설 수 있는 힘을 길러야 한다. 그러다 보면 위험이 닥칠 수도 있지만 그런 위험이 두려워 아들을 유약한 녀석으로 키울 수는 없지 않은가. 이것이 조조의 교육관이자 후계자 양성의 원칙으로 보인다.

큰아들이 죽고 조비와 조식이 실질적 후계자 경쟁을 벌이는 사이 조조는 중신들의 의견을 수렴해 둘째 아들 조비를 후계자로 정했다. 조조 자신은 조식이 더 눈에 들었지만, 개인적 선호로 후계 구도를 결정하지 않은 것이다. 그리고 그에 따른 사전 정지 작업도 해나갔다. 예를 들어 조조는 잘 풀리지 않던 한중漢中의 어느 전투에서 그날의 암호를 '계륵'이라고 정한 적이 있다. 먹자니 먹을 게 없고, 버리자니 아까운 계륵. 실제로도 그런 전투 상황이었다. 그런데 그 암호를 전해 들은 양수楊脩라는 장수가 철군 준비를 시작했다. 조조의 속마음을 알아차린 건데, 그만 오버해서 명령이 떨어지기 전에 철군 준비를 시작한 것이다. 물론 그의 날카로운 예측대로 조조는 철군을 명령한다. 하지만 자신이 명령을 내리지 않은 상황에서 자기 마음을 읽고 철수 준비를 시작한, 영특하고 유능한 부하 양수를 처형하고 말았다. 왜 죽였을까? 양수는 조조가 마음속으로 정해둔 태자 조비가 아닌, 넷째 아들 조식의 측근이었기 때문이다. 훗날 자식들 사이에 좋지 않은 일이 벌어졌을 때, 유능한 참모가 조식에게 붙어 있으면 문제가 생길 수 있다고 판단했다는 것이다. 왕의 자리를 물려주는 문제인 까닭에 이런 죽음까지 등장했지만, 그만큼 후계 구도는 중요한 문제였다.

'나 아니면 안 되는 조직'을 만들어 그 조직을 오롯이 자기 것으로 움켜쥐려는 리더들이 있다. 그것은 안정된 미래를 보장해주는 게 아니라 오히려 자신을 망치는 폭탄이 되고 만다. 조조는 후계 구도를 제대로 챙겼다는 점에서 유비, 손권과 판이하게 다르다.

혹자가 이야기하듯 유비나 손권에게는 자식복이 없었을까? 천만에, 그 시대에는 직계 혈통만 정당하게 왕위를 이어받을 수 있었다. 그 때문에 아들을 많이 낳아 잘 교육시키고 그 가운데 될성부른 자식을 골라 자리를 잇게 해야 했다. 한마디로 자식을 많이 낳는 것도 왕의 중요한 의무였다.

오늘날의 기업도 크게 다르지 않다. 간부나 고위 책임자, CEO 모두 반드시 해야 하는 일이 '부하 육성'이다. "만일 당신이 독감에 걸리면 누가 그 일을 대신할 수 있는가?"라고 물었을 때 마땅히 떠오르는 부하 직원이 없다면 독감은커녕 감기도 걸리지 말아야 한다. 매일 야근하고 휴가도 반납해야 한다. 자기가 빠지면 절대 안 되는 조직이라면 쉴 자유는커녕 승진할 기회마저 없어진다. 그러니 부하 직원을 적극적으로 육성해 적어도 3명쯤은 확실히 키워놓아야 한다. 3년 뒤엔 현재의 자리를 떠날 생각으로 자기 개발을 부단히 하고, 아울러 3년 뒤 매끄럽게 자기 자리를 인계할 수 있게끔 후임자를 육성하는 것이 21세기 조직에 걸맞은 리더의 자질이다. 조조가 바로 그런 인물이었다.

조조의 예에서 보듯 진정한 조직가, 진정한 리더라면 내가 없어도 제대로 돌아갈 수 있는 조직을 만들어야 한다. 이제 내가 없어도 잘 돌아가겠다는 판단이 서면, 자신의 발전을 위해 그 자리를 박차고 떠나야 한다. 그것이 사회의 발전이고 개인의 발전이다. 오래도록 이 자리에 남아 나 혼자 잘 먹고 잘 살겠다는 생각을 하는 동안, 그의 보스는 그를 언제 자르고 누구를 그 자리에 승진시킬지 고민하게 된다. 반면 이 자리를 누구에게 물려줄지 고민하면, 그의 보스는 그를 언제 자를지가 아니라 어떤 자리로 승진시킬지 고민하게 된다. 요컨대 유능한 리더는 '언제 어떻게 떠날지' 항상 구상하고 준비하는 자세를 갖춰야 한다.

유비와 손권은 어땠는가? 그리고 조조는 어땠는가? 비교할 바가 아닌 것 같다.

조조의 고향에서

그래도 조조인데, 적어도 그가 태어나 살던 곳쯤은 쉽게 찾을 줄 알았다. 하지만 택시 기사부터 동네 노인들까지 그 위치를 정확히 아는 사람은

백과수(맨 위)와 '위무고리'라고 쓰여 있는 표지석(위). 조조가 태어나 성장한 곳임을 알려주는 것인데 초라한 모습이 중국에서 조조의 평판이 어떠했는지 짐작케 한다.

거의 없었다.

"백과수白果樹라고, 커다란 은행나무를 찾아보시오."

'커다란 은행나무'라는 단서만 갖고 물어물어 가보니, 주택가 안쪽 이곳과 저곳에 두 그루가 있었다. 첫 번째 은행나무 앞에서 이리저리 기웃거리며 표지를 찾아보았지만 보이지 않았다.

이게 아닌가 싶어 다른 은행나무를 찾았는데 거기에도 표지는 없었다. 다시 첫 번째 은행나무로 돌아와 꼼꼼히 살펴보니 눈에 잘 띄지 않는 곳에 표지가 하나 보인다.

'위무고리魏武故里.'

이곳이 바로 조조가 태어나 성장한 곳이란다. 건안칠자 중 한 사람인 유정의 글에는 조조의 가택이 상당한 규모였다고 기록돼 있는데, 지금은 어떤 흔적도 남아 있지 않다.

박주에 조조가 살던 집은 세 채가 있었다. 그러나 이후 전란 속에 모두 사라졌고, 원나라 시대에 조조의 집을 헐어 성을 쌓은 뒤로는 어떤 흔적도 남지 않게 되었다고 한다.

고증을 거쳐 지금 이곳이 조조가 태어나 살던 곳이라며 허접한 콘크리트 표지판을 세워둔 것인데, 그나마 콘크리트가 삭을 대로 삭아서 발로 툭 걷어차면 금방 부서질 것 같다. 현재 중국에서 조조가 받고 있는 대접이 이 정도 수준이라는 뜻으로 읽힌다.

조조는 과연 어떤 인물인가

두 번의 밀레니엄이 거의 채워지도록 조조는 '간웅'이라는 한 단어에 갇혀 있었다. 그러나 현대에 접어들면서 그를 새로운 시각으로 보려는 움직임이 일고 있다. 그렇다면 중국인은 지난 1,800여 년 동안 조조를 어떻게 평가해왔을까? 박주의 조조 기념관에 조조에 대한 시대별 평가를 함축적으로 모아놓은 것이 있다.

삼국

손권 : 조조는 사람을 적게 죽이는 것을 잘못이라 생각했고, 사람을 이간시켰으며, 그 친족들은 잔혹했다. 장수를 부리는 데는 재능이 없었다.

유비 : 동탁이 먼저 난을 일으켜 수도와 경기(수도 근방의 지역)를 뒤집어놓았고, 조조가 화를 일으켜 사사로이 천자의 일을 관장했으며, 황후와 태자를 살해했고, 천하를 괴롭히고 어지럽혔으며, 백성을 죽이고 그 재물을 부수었다.

제갈량 : 조조가 결국 원소를 이기고 약함으로 강함을 누를 수 있었던 것은 천시天時를 타고났기 때문이다.

당대의 경쟁자이자 적이었던 유비와 손권의 평가는 별 의미가 없어 보인다. 서로 격문이나 써 날리며 목숨 걸고 싸우는 관계이니만큼 조조에 대한 온당한 평가를 기대하긴 어렵다.

또 제갈량은 조조의 능력을 '천시'로 둘러대는데, 유비에게도 기회가 있을 것이라는 이야기이니만큼 이 역시 그리 공감이 가지는 않는다. 역사적 정황과 증거를 놓고 보면 조조는 천시가 아닌 인재人材로 공을 세웠다고 보는 것이 훨씬 설득력 있다. 제갈량은 조조에게 가봐야 많은 인재 가운데 기회를 잡기 힘들 것으로 판단하고는 인재가 빈약한 유비 진영으로 가려는 자신의 처신을 이런 논리로 기묘하게 윤색한 것으로 보인다.

이런 면에서 조조 기념관을 기획한 사람은 그다지 사려 깊지도 않고,

상상력도 풍부해 보이지 않는다. 조조에 대한 각 시대의 평가란 것이 조조 기념관에 내걸기엔 너무 한쪽으로만 치우친 것이 아닌가 싶다.

경쟁자들이 한사코 그를 깎아내리는 것과 반대로 조조는 손권을 '황제의 재목'으로, 유비를 '영웅'으로 평했다. 이 사실만 놓고 봐도 누가 한 수 위인지 가늠할 수 있지 않을까.

위진남북조

『삼국지』주 : 태조(조조)는 젊어서 나는 매와 달리는 개를 좋아했고, 노는 데 절제가 없었다.

배송지裵松之 : 고금의 서적에 실린 기록을 두루 살펴보면 탐욕스럽고 잔인하며 모질고 극렬하니, 무도한 신하로 치면 조조만 한 사람이 없다.

육기陸機 : 조조는 비록 중국을 구한 공적이 있으나 가혹함이 심해 백성의 원망을 샀다.

위진남북조시대에는 조조에 대한 악평이 확연히 드러난다. 한나라 말기에 시작된 내전과 혼란 속에서 조조가 사실상 한나라를 거꾸러뜨리고, 이후 조씨에서 다시 사마씨로 넘어가며 북방 민족이라는 또 다른 변수가 얽히는 등 중국 대륙 전체에서 내전과 분란이 악화되는 결과로 이어졌으니 조조에 대해 더욱 박한 평가를 내리게 된 측면도 있을 것이다.

수 · 당

당 태종 : 임기응변에 능하고 적을 헤아려 기이한 계책을 설정할 줄 알았다. 장수의 지략으로는 부족함이 없으나 군주의 재능으로는 부족하다.

* 당 태종은 자신을 자주 '아만阿瞞'(조조의 별명)과 비교하였다.

송

사마광司馬光 : 위 무제는 폭압적이고 드세지만 천하에 큰 공을 세웠다. 그가 군주를 두지 않으려는 마음을 품은 지는 오래다. 죽을 때까지 한나라를 폐하고 자립하지 않았는데, 어찌 그러고 싶지 않았겠는가. 명분이 두려워 스스로 억제했을 뿐이다.

청

고염무顧炎武 : 조조는 기주를 얻은 후 자유분방한 인사들을 숭상하고 장려했다. 그 명령을 재삼 살펴보면 오명을 입어 비웃음을 사고, 불인不仁하고 불효不孝했지만 치국용병의 방법을 아는 자였다. 그리하여 권모술수가 이어져 나왔으며 간사함과 역모의 마음이 자라기 시작했다.

여타의 평가에 비해 당 태종의 평가는 어느 정도 균형감이 느껴진다. "장수로서는 훌륭하지만 황제의 그릇은 아니었다." 즉 '그는 훌륭한 인물이었지만 나는 그보다 좀 더 낫다'는 뉘앙스를 풍기면서도 조조에 대한 과도한 증오나 찬탄에 빠지지 않았다.

그에 비해 송나라 사마광이나 청나라 고염무의 평가는 상투적인 안티 조조에서 전혀 벗어나지 못했다.

근현대

노신魯迅 : 조조는 최소한 영웅이다.

호적胡適 : 『삼국지연의三國志演義』는 세계의 역사소설로 손꼽히는 명저다. 이 책의 오류는 촉한의 군신을 지나치게 올리고, 조조를 지나치게 깎아내린 점이다.

곽말약郭沫若 : 역사극『채문희蔡文姬』를 통해 전혀 다른 조조의 형상을 만들어냈다. 그리하여 문예이론과 창작 두 방면에서 '조조 평가 번복' 문제를 제기했다.

모택동 : 천년보다 이전, 위 무제가 채찍을 휘두르며 동쪽의 갈석산에 올라 시를 남겼다.

이중톈[易中天] : 조조는 귀여운 간웅으로, 그의 간사함과 영웅다움은 영웅다움 하나로 통일되어 있다.

근현대에 들어오면서 조조를 보는 객관적 또는 관찰자적 시각이 생겨나기 시작한다. '최소한 영웅'이라는 노신의 말에서는 그 이상의 긍정적 평가가 부담스러워 살짝 빠져나오는 듯한 뉘앙스가 풍긴다. 특히 호적은 〈소설 삼국지〉가 역사 자체를 왜곡한 것을 제대로 지적하고 있다. '귀여운 간웅'이라는 이중톈의 평가는 기계적 중립주의에 매달린 말장난처럼 보인다.

그렇다면 조조에 대한 21세기의 평가는 어떨까?

조조의 흔적을 따라가며 길에서 만난 사람, 박물관 직원, 향토 사학자 등 기회가 되는 대로 이야기를 나눠본 필자의 소견으로는, 1,800여 년간 쌓여온 일방적 안티에서 완전히 자유롭진 않지만, 적어도 송나라 사마광 같은 견해는 없어 보인다. 오히려『조조 읽는 CEO』의 저자 량룽[梁龍]과 같이 부정적이든 긍정적이든 그를 새로운 시각으로 해석하고 이해하려는 경향이 하나의 흐름을 만들어내고 있다.

황하, 중원의 어머니 곁에서

조조의 고향 박주에서 하남성 정주鄭州로 돌아왔다. 다시 조조의 흔적을 찾아 떠나기 전에 잠시 쉴 겸 발길을 돌려 '염제와 황제의 기념 공원'을 둘러본다. 정주는 황하의 남쪽에 면한 도시로 중원의 중심지였던 탓에 이렇듯 황하를 기리는 곳이 있다. 정식 명칭이 '정주 황하풍경 명승구'인 이곳에는 두 개의 거대한 석상, 즉 염제와 황제가 '중원의 어머니'라 부르는 황하를 바라보고 있다.

이 공원에는 중국 56개 민족의 족명을 56개 돌판에 새겨 멋지게 장식해놓았다. 다수민족인 한족과 55개의 소수민족으로 이루어진 중국이 일종의 국가 정체성 확립 차원으로 조성한 것이다.

염제와 황제를 노래한 「염황부」. 금색 글씨를 돌에 새겨놓았다.

황하에서 중국인을 생각하며 걷다 보니 문득 '황黃'이라는 글자가 말장난처럼 머릿속에 굴러다닌다.

'중국 사람은 황인종黃人種 핏줄로, 황토黃土 고원에서 황제黃帝의 후손으로 태어나, 황하黃河의 물에 의지해 살면서, 그들의 수장을 황제皇帝라 하고, 황금黃金을 좇다가, 죽어서는 다시 황토로 돌아간다.'

황하의 중상류는 황토 고원이다. 서북에서 날아온 황토 먼지가 세월과 더불어 쌓이고 쌓여 만들어진 거대한 황토 고원. 그 황토는 다시 황하에 쓸려 5,000킬로미터가 넘는 대장정을 나선다. 황토는 끝이 없고 황하는 너무 길다.

그렇게 물 따라 흐르고 흐르다 하류에 이르러 황토가 켜켜이 쌓이면 강바닥이 높아지고, 홍수라도 한번 나면 물이 넘치면서 아예 물길이 바뀌기도 한다. 그래서 오늘날 황하는 수백 년 전 물길과 완전히 다르다. 특히 하류가 그렇다. 이렇게 큰 강이, 물줄기가 완전히 바뀌어 바다와 만나는 지점이 수백 킬로미터씩 옮겨갔다는 것을 상상하기란 쉽지 않다. 그 거대한 물줄기를 바꿔놓은 것이 보드랍고 고운, 크기도 잴 수 없는 미세한 황토 먼지라는 사실이 새삼 놀랍다.

황하의 물줄기.

3부
제갈량 기행

1

세상을 나눠
천하를 경영하다

제갈량의 일생

제갈량에 대해서는 모르는 사람이 없다. 그렇다고 아주 잘, 혹은 제대로
아는 사람도 많지 않다. 성은 제갈諸葛, 본명은 량亮, 자字는 공명孔明이
다. 사내아이가 성장해 성인이 되면 그 부친조차 아들의 본명을 부르지
않고, 본명 대신 부를 수 있는 호칭을 지어주는데 이것이 바로 자다. 대
개 자는 본명과 연관해 짓는데, '밝다'는 뜻의 '량亮'이란 이름에서 착안해
밝을 '명明' 자를 자에 쓴 것도 그런 경우다. 그리고 제갈량 사후 황제가
충무후忠武侯라는 시호를 내린다. 그래서 중국 곳곳에 있는 제갈량의 사
당을 무후사武侯祠라고 한다.

『삼국지』의 대립 구도를 놓고 보면, 21세기형 CEO 모델인 조조, 샐러

영화 「적벽대전」에서 오나라와 연합을 도모하는 제갈량(금성무 분, 왼쪽)과 오장원의 제갈량 사당에 있는 제갈량 조상(오른쪽).

리맨으로 출발해 모범적인 조직원의 전형으로서 이인자였지만 권력의 최고 정점까지 도달한 지혜와 충성의 화신 제갈량, 이 두 기둥이 가장 뚜렷이 대조된다.

조조의 경우, 사람들은 그의 캐릭터에서 특정 요소만 선택적으로 본받고 싶어 한다. 반면에 제갈량의 경우엔 본받고 싶다기보다 곁에 두고 싶어 하는 경향이 있다. 소설에서 제갈량을 천재로 묘사했기 때문이 아닐는지. 아무튼 남자라면, 아니 뭔가 큰일을 꿈꾸는 이라면 누구나 곁에 두고 싶어 하는 인물, 그가 바로 제갈량이다.

적벽전을 앞두고 뛰어난 외교 수완으로 오나라와의 동맹을 이끌어내 남하하는 조조 대군을 막아낸 다음 영특하게 형주를 차지한 것이 제갈량 인생에서 전반전이라면, 성도成都를 수도로 하여 촉한을 세우고 얼마 지나지 않아 관우·장비·유비가 차례로 죽은 뒤 유비의 유언을 받들어 북

활동 지역으로 본 제갈량의 일생.

① 산동성 기남에서 출생.
② 숙부를 따라 호북성으로 가 공부하고, 유비를 만날 때까지 융중에서 때를 기다림.
③ 27세에 유비에게 발탁되어 세상에 나섬.
④ 조조에게 밀려 패퇴와 철수를 반복하는 고난의 시기를 겪음.
⑤ 오나라에 가서 유비·손권 동맹을 성사시킴.
⑥ 적벽전에서 손권과 연합해 조조 군을 막아냄으로써 삼국 체제의 기반을 이룩함.
⑦ 적벽전 이후 형주를 취하고 호남성 지역도 정벌함.
⑧ 사천성으로 들어가 촉한을 세우고, 성도에 남아 후방의 군수 지원을 맡아 유비의 출정을 지원함.
⑨ 유비 사후 운남성 지역을 평정해 북벌을 위한 군비를 확보함.
⑩ 47세에 「출사표」를 올리고 한중으로 나가 북벌을 강행하다 54세에 과로로 병사함.

벌을 단행한 시기가 후반전에 해당한다. 제갈량의 흔적을 찾는 여정은 서안에서 출발해 성도로 이어진다. 이 루트는 그의 후반생이 펼쳐진 무대이기도 하다.

자, 그럼 떠나기에 앞서 제갈량의 일생을 간략하게 살펴보자.

181년 산동성 기남현沂南縣(당시의 낭야군 양도현)에서 태어나 어려서 부모를 잃고, 형주(지금의 호북성)에 살고 있던 숙부의 손에서 자란다.

207년(27세) 그는 이미 우리가 익히 알고 있는 '총명한 청년'이 되어 있었다. 그러나 때를 기다리며 융중에 묻혀 지내다 20년 선배인 유비에게 발탁되었다. 이 과정에서 '삼고초려三顧草廬'라는 흥미로운 일화가 탄생했지만, 사실 소설에서 꽤 많이 각색한 이야기다.

208년(28세) 북방을 통일한 조조가 유비를 겨냥해 군대를 이끌고 물밀 듯이 남하하자 철수와 후퇴를 반복하던 상황에서 오나라의 손권을 설득, 유비와 손권이 연합해 조조의 군대에 대항하게 하는 외교적 수완을 발휘한다. 이후 손권·유비 연합군이 장강 전투에서 조조의 대군을 물리치니, 이것이 바로 적벽전이다. 적벽전의 주인공은 사실 손권과 주유지만, 제갈량의 외교적 수완이 빛을 발한 전투이기도 하다.

214년(34세) 유비가 익주(지금의 사천성 일대)를 장악한 뒤 직접 군대를 이끌고 출병하면서 제갈량에게 후방에서 행정과 군수를 담당하도록 한다. 이후 유비는 촉한의 황제에 오르고, 제갈량은 승상직을 맡는다.

223년(43세) 유비가 이릉전에서 오나라에 대패하고 백제성으로 후퇴한 뒤 병사한다. 이때 유비는 제갈량에게 황태자 유선을 부탁하고, 제갈량은 후임 황제를 충성스럽게 보좌한다.

225년(45세) 내정을 탄탄히 하면서 운남 방면을 정벌하고 화친 정책을

고융중古隆中 패방牌坊. 유비가 찾아올 때까지 제갈량이 은거하며 공부하던 이곳에 제갈량을 기리는 건축물이 하나둘씩 생겨 오늘의 고융중이 되었다.

펼쳐 후방을 안정시킨다.

228년(48세) 국력이 절대 우위에 있던 위나라에 맞서기 위해 선제공격 전략을 펼쳐 수차례 북벌을 감행한다.

234년(54세) 북벌에서 별다른 성과를 내지 못하다 오장원五丈原에서 과로사한다.

유비를 만나기 전 27년 동안 제갈량은 대체로 한가로운 삶을 살았다. 속으로는 천하가 돌아가는 형세에 귀를 바짝 세우고 있었지만, 겉으로는 조용히 사색과 공부로 소일하던 평화로운 시기였다. 그러나 유비를 만난

후 27년간 전형적인 워커홀릭으로 살았다. 유능한 행정·군수참모로서, 후반에는 총사령관 겸 국무총리로서 미친 듯이 일만 하다가 결국 과로로 사망했다. 그 과정에서 유비에게 시종일관 사심 없이 충성하고 그의 아들에게도 대를 이어 충성을 바쳐, 총명하고 지혜로우며 충성스러운 인재의 표상이 되었다. 21세기 주주들의 입장에서 보면 가장 유능하고 모범적인 샐러리맨이고, 샐러리맨 입장에서 보면 가장 출세한 샐러리맨이 아닐까? 그래서 다들 제갈량을 선망하면서 곁에 두고 싶어 하는 모양이다.

'제갈량 전기'라는 부제를 붙여도 무방할 정도로 〈소설 삼국지〉는 '제갈량 찬가'로 가득하다. 신출귀몰한 전략과 사람의 마음까지 읽는 혜안, 그리고 사심 없는 지고지순한 충성, 마르지 않는 지혜……. 그러나 〈역사 삼국지〉에서 제갈량은 그렇게 신출귀몰한 인물은 아니다.

유비의 영입으로 세상에 나온 이후 조조의 공격에 밀리자 신야성을 불태운 것이나, 손권을 찾아가 그의 중신들과 논쟁을 벌여 적벽전에 나서도록 설득했다는 이야기, 그리고 작은 배 수십 척으로 화살 10만 개를 얻어오고, 화용도에 관우를 배치해 조조와 맞닥뜨리게 했다는 이야기도 모두 소설적 허구다. 유비 사후에 맹획을 일곱 번 사로잡아 일곱 번 풀어줬다는 '칠종칠금'도 운남 지방 토착 세력을 상대로 펼친 일전 승리 후 화친 정책을 온갖 '액션 판타지'로 덧칠해 과대 포장한 이야기에 불과하다.

제갈량의 「출사표」는 오늘날까지 명문으로 칭송받고 있지만, 「출사표」를 올리고 출전한 그는 당시 위나라의 심장부인 낙양은커녕 서쪽 변방의 장안(지금의 서안) 근처에도 가보지 못한 채 잔 펀치만 날리며 주변부를 맴돌았을 뿐이다. 그러다 과로사했다.

그러나 소설 속에서 지나치게 과장한 허구를 모두 삭제한다 하더라도, 그는 참으로 유능한 행정가이자 군수참모였으며, 후임 황제에게까지 충성을 다한 충신이었다. 게다가 촉한은 국력이 위나라의 5분의 1 정도밖에 안 됐음에도 나름의 전략으로 끝까지 맞섰으니, 그것 역시 높이 평가할 수 있다.

대중은 늘 영웅을 기다린다. 기다리다 못해 영웅을 만들어내기도 한다. 그리고 그 영웅을 계속해서 신격화한다. 하지만 한 영웅적 인물을 지나치게 신격화하는 것은 오히려 대중의 무력함과 게으름을 반증하는 것이기도 하다. 소설 속에서 과대 포장하고 각색한 의상과 무대장치를 모두 벗겨내면 한 인간을 만나게 된다. 거의 모든 면에서 오너보다 우수한 참모였으나 평생 청렴한 마인드로 자기 자리에서 수장과 조직을 위해 헌신한 인물, 그가 바로 제갈량이다. 설사 그가 역사의 흐름을 거스르는 반동이었다 해도 말이다.

서안의 고대 성벽

서안에서는 성벽城壁을 제대로 구경할 수 있다.

마을이 커지고 도시가 형성되면 방어를 위해 성곽으로 둘러싼다. 이때 안쪽에 쌓은 성벽을 성城이라 하고, 성의 바깥쪽으로 멀리 둘러싼 것을 곽郭이라 한다. 쉽게 말하면 내성과 외성으로 구분하는 셈이다.

중국에서 내성이 가장 잘 보존된 곳이 바로 서안이다. 북경의 성벽은 모택동 시대에 베이징 개발 정책으로 거의 대부분 철거하고 그 자리에 도로를 건설해버렸다. 현재 북경 시내에서 '이환로二環路(얼환루)'라 부르는 길이 바로 내성의 성벽이 있던 자리다. 북경 성벽의 비운과 달리 서안의 성벽은 다행히 20세기 개발의 광풍 속에서도 살아남았다. 21세기에 들어

서안 성벽 위의 성루.

서안 성벽의 상단. 폭이 15미터에 이르러 전차가 다닐 수 있다. 지금은 자전거를 빌려 타고 둘러보면 좋다.

서는 관광자원으로서 가치가 높아지면서 더 이상 헐릴 위험이 없어졌다.

서안에 가면 성벽을 꼭 걸어봐야 한다. 원래 당나라 황성皇城을 기초로 만든 성벽인데, 명나라 홍무제 시절 1374년부터 1378년까지 5년에 걸쳐 새로 지은 것이니 벌써 500년이 넘었다.

성벽의 높이는 12미터, 하단의 폭은 18미터, 성벽 상단의 폭은 15미터이며 동서남북으로 사각형의 띠와 같은 모양이다. 남북으로 2.6킬로미터, 동서로 약 3.3킬로미터, 총 길이는 12킬로미터 정도 된다. 상단 폭이 15미터나 되어 옛날 군대의 전차가 달릴 수도 있었고, 군사를 조련할 수도 있을 만큼 넓다. 성벽의 사방으로 나 있는 네 개 성문 바깥쪽으로는 각각 옹성甕城이라는 밀폐된 공간이 하나씩 붙어 있다. 이 옹성 바깥쪽으로 월성月城이라는 관측용 성루가 또 하나 돌출돼 있다. 성벽 · 성루 · 성문 · 옹성 · 월성의 구조를 갖추었다.

북벌의 꿈이 마속이라는 돌부리에 걸리다

제갈량에게 서안, 당시의 장안은 어떤 의미였을까? 사실 장안은 제갈량의 발길이 닿지 않은 곳이다. 유비가 세상을 뜬 뒤 촉한의 군권을 쥐고 위나라 정벌에 나섰을 때 제갈량의 최종 목적지는 수도인 낙양이었을 것이다. 낙양에 도달하려면 반드시 장안을 지나야 했다. 그러나 제갈량은 끝내 장안 땅조차 밟아보지 못했다. 그래서 오히려 『삼국지』의 후반부, 즉 제갈량의 후반생을 되밟기 위한 여정을 서안에서 시작하는 것도 의미 있는 일이다.

서안의 서쪽으로 300킬로미터 정도 떨어진 감숙성 천수天水는 마속馬

옹성(맨 위)과 월성(위). 성문 바깥쪽의 방어용 공간을 옹성이라고 한다. 옹甕은 독이란 뜻으로 '독 안의
공간과 같이 밀폐된 공간'을 뜻한다. 적이 성안으로 들어올 때 성벽을 직접 넘지 않으면 이 공간을 통
과해야 하는데, 이때 옹성의 성벽 위에서 협공할 수 있는 구조다. 옹성 밖으로 한 번 더 돌출된 망루가
있는데, 이를 월성이라고 한다.

힘차게 북을 두드리는 여인. 옹성에서는 매일 공연이 열린다.

전통 복식을 갖춘 군인들의 공연 중간 휴식 시간. 옛날 군대의 모습을 재현하고 있다.

譚이 군사작전에 실패하는 바람에 제갈량의 1차 북벌을 무산시킨 곳이다. 그리고 서안의 남쪽에 있는 한중은 유방이 한나라를 세운 곳이며, 유비가 유방의 예를 모방해 스스로 한중왕漢中王이라 칭한 곳이다. 오늘날 중국을 한漢이라 부르는 것도 이 한중의 '한'에서 비롯된 것이다. 그리고 사천성 광원廣元과 검각劍閣은 촉한으로 가는 험난한 길목의 요충지였고, 사천성의 수도 성도는 삼국시대나 지금이나 변함없이 이 지역의 중심지이자 〈소설 삼국지〉의 중심 무대 중 하나다. 바로 이곳에 제갈량과 유비를 함께 모신 무후사가 있다.

자, 그럼 서안을 떠나 서쪽으로 향해보자. 감숙성 천수 부근에 위치한 가정街亭을 찾아가는 여정이다.

가정은 제갈량이 눈물을 흘린 곳이다. 아끼던 부하 장군 마속의 목을 울면서 벨 수밖에 없었던 읍참마속泣斬馬謖의 땅, 가정고전장街亭古戰場이 바로 그곳이다.

227년, 「출사표」를 올리고 출병한 제갈량은 진령秦嶺산맥을 넘어 북벌을 성공적으로 펼쳐나간다. 그러나 이듬해인 228년, 마속의 결정적 패착으로 그동안의 전과를 모두 포기하고 한중으로 철수하고 만다.

제갈량은 첫 번째 출병에서 위나라의 서쪽 거점 도시 장안까지 쳐들어갔어야 했다. 그때까지 축적한 군자금도 나름대로 충분했을 뿐 아니라 초반에 진령산맥을 넘어가자 감숙성의 천수, 남안(지금의 롱서隴西), 안정(지금의 정서定西) 등 세 군이 위나라를 배신하고 투항해왔으니 그야말로 다시 오기 힘든 기회가 아니던가.

제갈량의 1차 북벌 루트를 보면 성도에서 한중으로 나간 뒤, 한중 북부를 동서 방향으로 가로지르는 진령산맥을 넘어간다. 지도상으로는 한중에서 직선 거리로 장안까지 쳐들어가는 게 맞지만, 제갈량은 위와 촉한의 국력 차이를 감안해 서량 지역을 먼저 장악하고, 이를 기반으로 장안 쪽으로 나가는 우회로를 택한 것이다. 이 우회로에서 마주친 곳이 바로 세 개의 군.

그런데 이때 촉한의 군사작전에 별다른 대비가 없던 세 개 군(천수, 남안, 안정)이 위나라를 배신하고 촉에 투항해왔다. 제갈량은 이렇게 서쪽에 기반을 만든 뒤, 장안을 향해 동쪽으로 진군하기 위해 마속으로 하여금 천수의 한 지점인 가정으로 나가게 했다. 즉 우회 전략에 따라 장안 쪽으로 돌아가기 시작하는, 이른바 북벌의 본론에 다가갈 참이었다.

제갈량의 1차 북벌 루트.

　그러나 믿었던 마속이 군대를 산꼭대기에 주둔시켰다. 언뜻 생각하면 모든 상황을 내려다볼 수 있는 산꼭대기가 절대적으로 유리해 보이지만, 그곳엔 마실 물이 없었다. 아니나 다를까, 사마의가 이끄는 위나라 군사들이 산 아래 골짜기에서 물길을 끊어버리자 전세는 삽시간에 기울어졌다. 전쟁이란 무력도 무력이지만 군수의 싸움이기도 하다. 밥과 물이 없으면 그대로 주저앉는 게 군대다.

　식수 공급이 끊겨 하루이틀만 굶어도 개개인의 무예와 용맹은 소용이 없어지는 법. 결국 마속의 군대는 칼 한번 제대로 휘둘러보지 못한 채 궤멸하고 말았다.

　그토록 중요한 전략적 거점인 가정을 잃고 군대마저 큰 손실을 입자 제갈량은 거저 얻은 세 군까지 포기하고 북벌의 베이스캠프인 한중으로 철수한다. 두고두고 땅을 치며 통탄할 노릇이 아닐 수 없다.

　사실 이때까지 제갈량은 거의 실패를 모르고 달려왔다. 융중에 은거하며 때를 기다리다 유비에게 발탁되어 성공적으로 출세했고, 조조에게 밀려 패퇴를 거듭하던 시절에는 손권과 유비의 동맹을 성사시켜 적벽전의 승리를 이끌어냈으며, 이후 전략적 요충지 형주를 취한 뒤 익주까지 손에 넣어 말 그대로 삼국정립을 완성했다. 그러나 유비와 관우, 장비가 모두 떠난 뒤 홀로 촉한을 이끌며 시작한 첫 번째 북벌 전투에서 뼈저린 실패를 하고 말았다.

물론 이 실패는 제갈량 자신의 패착이라 할 수 없지만 그의 팔자로 치면 결국 실패인 셈이다. 좀 더 큰 그림으로 보면, 적이 아닌 가장 가까운 동지이자 상관이던 '도원결의 삼형제'에 의한 실패가 이미 있었다.

제갈량의 전략 천하삼분지계에 따르면 위나라를 쓰러뜨릴 때까지 무슨 일이 있어도 오나라와 동맹을 유지해야 했다. 그런데 '성질 급한' 관우가 손권과 감정싸움을 벌이면서 연합군끼리 속절없는 전쟁이 벌어졌고, 이 상황에서 오만에 빠져 있던 관우는 오나라의 육손에게 포로로 잡혀 죽고 만다. 이에 다혈질인 장비마저 형님의 원수를 갚겠다며 흥분해 날뛰다 부하들에게 암살당하고, '인덕人德'으로 포장한 이면에 불같은 피가 끓어오르는 유비 역시 아우들의 원수를 갚겠다며 대군을 일으킨다. 제갈량이 개인의 원한보다 촉·오 연합이라는 중대한 국가 전략을 생각하라며 거듭 말렸지만, 유비는 『삼국지』를 통틀어 처음이자 마지막으로 제갈량의 말을 씹어버린다. 그 결과 유비는 처참하게 패한 뒤 결국 병사하고 말았다. 도원결의 삼형제가 마치 바통을 이어받듯 저지른 일련의 '감정적 대응'으로 촉한은 막대한 국력을 탕진하고 전투력 역시 엄청난 손실을 입게 되었다. 국격을 망치는 것은 대부분 최고 리더라 하더니, 예나 지금이나 마찬가지인 것 같다. 이로써 촉한은 위·촉·오라는 삼국 구도 속에서도 꼴찌가 되고 말았다.

유비의 이릉전을 말리지 못한 것, 이것이야말로 제갈량의 일생에서 가장 아쉬운 실패인 셈이다. 자기 목에 칼을 겨눌 각오로 끝까지 유비를 말렸어야 했다.

어쨌든 제갈량은 유비가 떠난 뒤 그의 아들을 후임 황제로 모시며 천하 통일의 대업을 차곡차곡 추진해나간다. 일단 사천성의 남쪽 운남 지역을 평정해 군사적으로 후방을 안정시켰다. 이른바 칠종칠금이 바로 그것이다. 불시에 뒤통수를 치고 들어올 위험을 제거하고, 그 땅에서 상당한 세금을 거둬들여 막대한 전비도 조달할 수 있는 기반을 마련한 것이다.

이런 과정을 거쳐 드디어 북벌을 위한 「출사표」를 던졌는데, 초반에는 세 개 군이 투항해오는 등 조짐이 좋았지만 결국 읍참마속의 눈물을 흘릴 수밖에 없었다. 이로써 제갈량의 북벌은 '장안 전투'라는 본론은 제대로 펼쳐보지도 못한 채 주저앉고 말았다. 〈소설 삼국지〉의 주인공치고는 참으로 허망하기 짝이 없는 철수다. 그래서 〈소설 삼국지〉는 읍참마속이란 대목을 유난히 강조해 이 실패가 제갈량의 패착이 아니라 마속의 어리석음에서 비롯된 것이며, 군령을 집행해 마속을 처형할 때 제갈량이 눈물을 흘렸다는 감성적 이야기로 북벌 실패조차 제갈량 찬가로 채운 것이다.

하늘로 이어진 길

제갈량의 흔적을 찾아가는 길이지만 결코 지나칠 수 없는 구경거리가 있다. 바로 맥적산麥積山(마이지산)의 석굴이다. 석굴은 벌집처럼 빽빽하고, 굴과 굴을 잇는 잔도棧道는 구름 속으로 통한다는 말에 귀가 솔깃하지 않을 수 없다.

사람들이 감숙성의 천수를 찾는 가장 큰 이유는 중국 4대 석굴 중 하나

맥적산 석굴 전경. 맥적麥積은 보릿단을 쌓아놓은 모양에서 따온 말이다.

석굴로 이어진 하늘계단. 이런 길을 잔도棧道라 한다. 마애불 일부는 보수 공사 중이라 가림막으로 가려져 있다.

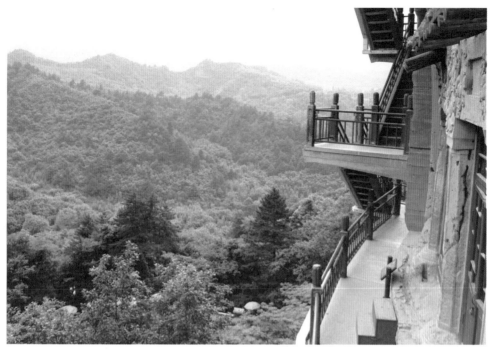

지금의 잔도는 모두 콘크리트로 되어 있어 안전하다. 옛날엔 어땠을까?

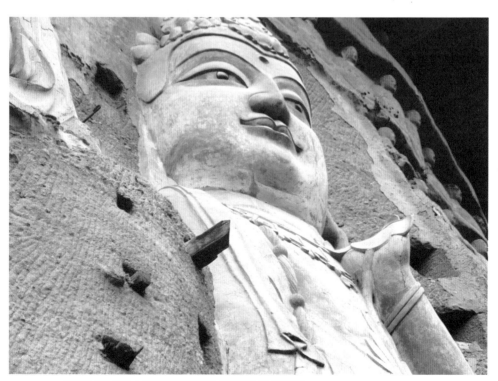

암벽에 새긴 불상. 눈매와 입술의 곡선이 선명하면서도 부드럽다.

인 맥적산 석굴을 보기 위해서다. 높이 142미터 암산에 195개의 불감佛龕과 마애불磨崖佛이 있는 곳이다. 불감이란 암벽을 파낸 다음 그 안쪽에 불상을 세운 것이고, 마애불은 암벽의 벽면에 불상을 새긴 것을 말한다.

이 석굴은 중국 대륙에 불교를 본격적으로 전파한 북위 시대에 만든 것으로, 그 후 각 왕조를 거치면서 계속 중수되었다. 흙으로 빚은 불상이나 돌을 깎아 만든 불상이 7,000개에 이르는 데다 벽화 역시 약 1,000제곱미터나 이어져 중국에선 동방의 조소彫塑 전시관이라 칭하기도 한다.

이토록 힘든 노역을 감내하게 한 원동력은 무엇일까? 까마득한 절벽에 이런 구조물을 만드는 동안 얼마나 많은 사람이 추락했을까? 그것은 순수한 신심信心이었을까, 아니면 가혹한 부역의 산물일까?

오장원 가기 전날

제갈량이 병사한 오장원五丈原을 찾기 전날, 보계寶鷄시의 벤치에 앉아 노을을 보고, 그 이튿날 서서히 밝아오는 아침을 맞았다.

보계는 우리에게 잘 알려지지 않았지만 중국의 고대 역사에서 상당한 비중을 차지하는 곳이다. 이곳은 중국 청동기시대의 중심지였으며, 중국 화하족華夏族(한족)의 조상으로 받드는 염제의 고향이다.

중국에서는 황제 염제 시대에서 하·은을 거쳐 주나라 춘추시대까지를 청동기시대로 본다. 주나라 전국시대에 이르면 이미 철기시대로 넘어온 것이다. 그래서 그런지 보계시는 '청동기의 고향'이라는 별칭으로 불리기도 한다. 주나라뿐 아니라 중국 최초의 통일왕조인 진秦의 발원지도 이 근처라 '주周·진秦 문화의 발상지'라고도 불린다.

'청동기의 고향'이라는 별칭에 걸맞게 보계 시내 한복판에 조성한 인민 공원의 주제도 청동기다. 중국의 유일한 청동기 박물관이 이곳에 있다.

자, 이제 오장원으로 떠날 시간이다.

오장원, 대단원의 막으로 들어서다

천수나 가정에서 바라볼 때 장안은 직선 거리로 300킬로미터 정도 떨어져 있다. 그 중간 지점이 오장원, 바로 제갈량이 숨진 곳이다.

얼핏 보면 제갈량이 1차 북벌 당시 진출한 천수, 가정과 비교해 거리상 장안 쪽으로 더 진출한 것 같지만 사실은 그렇지 않다. 1차 북벌에서는 한중에서 우회하기 위해 천수 방향으로 나갔다가 마속이 패한 탓에 철수했다. 그 후 몇 차례 크고 작은 북벌을 시도했으나 별 성과가 없었다. 그래서 마지막 출병 때는 한중에서 정북 방향으로 협곡을 타고 진령산맥을 넘었다. 진령산맥을 넘으면 바로 오장원이다.

오장원은 평지에 우뚝 솟은 구릉이다. 150미터 높이로 윗부분이 평평하다. 평면도로 보면 중국의 현악기인 비파와 모양이 비슷한데, 비파의 목 부분에 해당하는 곳이 5장丈(약 15미터)이라 이름도 '오장원'이 되었다.

남쪽으로 태백산을 등지고 북쪽으로는 위하渭河가 동서로 가로지르며 지대가 주변보다 높아 경계하기 유리한 곳. 그래서 오장원은 원정군의 주둔지로 안성맞춤이었다.

오장원에는 제갈량 묘가 있다. 오장원에서 병사했으니 거기에 묘가 있는 것이 당연하지만 '무덤[墓]'은 아니다. 죽은 사람의 영정이나 신주 등을 모시는 사당을 '묘廟(庙)'라 하고, 무덤은 '묘墓'를 쓴다.

오장원 주변도.

제갈량이 숨진 오장원. 오장원으로 올라가는 길이 선명하게 그려져 있다.

오장원은 중국의 현악기인 비파와 모양이 비슷한데, 비파의 목 부분
에 해당하는 곳이 5장丈이라 이름도 '오장원'이 되었다.

오장원에 있는 제갈량 묘는 무덤이 아니라 사당이다. 시신을 묻은 무덤은 한중에서 멀지 않은 면현勉縣의 정군산定軍山 기슭에 있다.

제갈량 사당은 당나라 초기에 제갈량을 기리기 위해 세운 것으로, 이후 현대에 이르기까지 아홉 차례에 걸쳐 대대적으로 보수했다.

제갈량의 「출사표」

황제 유비가 사망한 후, 제갈량은 촉한의 승상으로서 안으로 유비의 세력과 익주의 토착 세력을 통합해 국내 정치를 안정시켰다. 밖으로는 칠종칠금으로 유명한 에피소드를 남기며 운남 쪽을 평정하고, 강경 탄압책이 아닌 화친 정책으로 후방의 군사적 위험을 제거하는 동시에 세원稅源을 확장해 군비 조달 능력을 강화해나갔다. 또 대외적으로 관우와 유비가 망쳐버린 당초 국가 전략을 되살려 오나라와 동맹 관계를 회복했고, 위나라의 빈틈을 노리면서 선제공격을 통한 적극적 견제를 시도했다. 그리고 마침내 위나라를 공략하기 위한 베이스캠프를 점하기 위해 섬서성 남부의 한중으로 출병하기에 이른다.

생의 마지막이자 최대 프로젝트인 '북벌'을 결심한 후 제갈량은 황제 유선에게 전쟁 선언과 함께 국내 정치에 대한 당부 등을 주내용으로 하는 일종의 공개 서한을 올리는데, 이것이 그 유명한 「출사표」다. 출사出師란 군대를 이끌고 전쟁에 나서는 출병出兵을 뜻하고, 표表는 신하가 왕에게 올리는 글을 말한다. 「출사표」는 곧 출병하겠다는 건의이자 선언이다.

진나라 이밀李密이 무제에게 올린 「진정표陳情表」, 당나라 사상가 한유韓愈가 쓴 「제십이랑문祭十二郎文」과 함께 중국 3대 명문으로 꼽힌다는

오장원의 제갈량 사당.

제갈량의 의관이 묻혀 있
는 '의관총'. 제갈량이 죽
은 지 400여 년이 지나 제
갈량 묘를 이곳에 조성했
다는데, 도대체 어디서 어
떻게 제갈량의 의관을 보
존했다가 의관총을 만들었
는지 궁금하다.

낙성석. 〈소설 삼국지〉에
서는 제갈량이 죽을 때 동
북에서 서남 방향으로 큰
별이 하나 떨어졌다고 한
다. 운석이란 얘긴데…….

제갈량의 북벌을 묘사한 석조 조형물. 한중의 석문잔도 입구에 설치되어 있다.

「출사표」는 특히 제갈량의 충정 어린 마음이 잘 표현되어 있어 '예로부터 「출사표」를 읽고 눈물 흘리지 않는 자는 충신이 아니다'라고 했다. 워낙 사심이 없었기에 그 충심이 더욱 진하게 울리면서 오늘날까지 명문으로 칭송받는 것이다.

〈소설 삼국지〉에서는 클라이맥스를, 그리고 제갈량 개인에게는 인생의 마지막 단원을 여는 선언이었으니, 그의 삶을 마감한 오장원에서 이 「출사표」를 음미해보는 것도 흥미로울 것이다.

오장원의 제갈량 사당에는 「출사표」의 글자 하나하나가 살아 숨 쉬는 듯한 석각石刻이 있다. 남송의 유명한 장군 악비岳飛가 유려하고 힘찬 필치로 쓴 것을 돌에 새긴 것이다. 악비는 남하하는 금나라 군대에 맞서 송나라 의용군을 이끈 장군이자 학자인데, 서예가로도 유명하다.

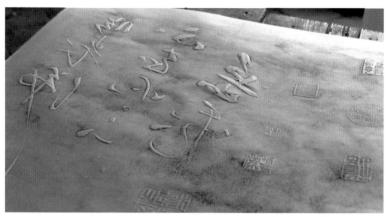
제갈량의 「출사표」를 새긴 석각에서 탁본을 뜨고 있다. 남송의 장군 악비가 유려하고 힘찬 필치로 쓴 글을 돌에 새겼다.

출사표

선제(유비)께서는 창업의 뜻을 반도 이루시기 전에 붕어하시고 지금 천하는 셋으로 나뉘어 있습니다.

[先帝創業未半 而中道崩御 今天下三分]

거기다 우리 익주는 싸움으로 피폐해 있으니 이는 실로 나라의 흥망이 걸린 위급한 때라 할 수 있습니다.

[益州疲弊 此誠危急存亡之秋也]

그러하되 곁에서 폐하를 모시는 신하가 안에서 게으르지 않고 충성된 무사가 밖에서 제 몸을 잊는 것은, 모두가 선제의 과분한 대우를 추모하여 폐하께 이를 보답하려 함인 줄 압니다.

[然侍衛之臣 不懈於內 忠志之士 忘身於外者 蓋追先帝之殊遇 報之於陛下也]

마땅히 폐하의 들으심을 넓게 열어 선제께서 끼친 덕을 더욱 빛나게 하시고, 뜻있는 선비들의 의기를 더욱 넓히고 키우셔야 할 것입니다.

[誠宜開張聖聽 以光先帝之遺德 恢弘志士之氣]

결코 스스로 덕 없고 재주가 모자란다고 함부로 단정하여서는 아니 되며, 옳지 않은 비유로 의를 잃으심으로써 충성된 간언이 들어오는 길을 막으셔서도 아니 됩니다.

[不宜妄自菲薄 引遺喩失義 以塞忠諫之路也]

궁중과 승상부는 한 몸이니 척벌을 달리해서는 안 될 것이요, 간사한 죄를 범한 자나 충성되고 착한 일을 한 자는 마땅히 관리에게 맡겨 그 형벌과 상을 논하여 그것으로써 폐하의 공정하고 밝은 다스림을 밝혀야 할 것이요, 사사로움에 치우쳐 안팎의 법을 서로 달리해서는 아니 됩니다.

[宮中府中 俱爲一體 陟罰臧否 不宜異同 若有作奸犯科及爲忠善者 宜付有司論其刑賞 以昭陛下平明之治 不宜偏私 使內外異法也]

시중과 시랑인 곽유지, 비위, 동윤 등은 모두 선량하고 진실하여 뜻과 헤아림이 참되고 순수합니다.

[侍中侍郎 郭攸之費褘董允等 此皆良實]

그러므로 선제께서 뽑으시어 폐하께 남기셨으니 생각건대 궁중의 일은 크든 작든 그들에게 물은 연후에 행하시면 반드시 부족하거나 빠진 것을 보충하여 널리 이로움이 있을 것입니다.

[志慮忠純 是以先帝簡拔 以遺陛下 愚以爲宮中之事 事無大小 悉以咨之 然後

施行 必能裨補闕漏 有所廣益]

장군 향총은 성품과 행동이 맑고 치우침이 없으며 군사를 부리는 일에 밝아 지난날 선제께서도 써보시고 능력이 있다고 말씀하셔서 여러 사람과 의논 끝에 그를 도독으로 삼으셨으니, 생각건대 군사에 관한 일은 크든 작든 그와 의논하면 반드시 진중의 군사들을 화목하게 하고 뛰어난 자와 졸렬한 자가 각각 마땅한 자리를 얻게 될 것입니다.

[將軍向寵 性行淑均 曉暢軍事 試用之於昔日 先帝稱之曰能 是以衆議擧寵以爲督 愚以爲 營中之事 事無大小 悉以咨之 必能使行陣和睦 優劣得所也]

어진 신하를 가까이하고 소인을 멀리한 까닭에 전한은 흥성하였고, 소인을 가까이하고 어진 신하를 멀리한 까닭에 후한은 기울었습니다.

[親賢臣遠小人 此先漢所以興隆也 親小人遠賢臣 此後漢所以傾頹也]

선제께서 계실 때 매번 이 일을 논하며 일찍이 환제, 영제의 일을 탄식하고 원통하게 생각지 않음이 없었습니다.

[先帝在時 每與臣論此事 未嘗不歎息痛恨於桓靈也]

시중상서, 장사, 참군은 모두 곧고 어질며 죽음으로 절의를 지킬 신하들이니 폐하께서 그들을 가까이하고 믿어주시면 한의 황실이 곧 흥륭하는 것을 날을 헤며 기다릴 수 있을 것입니다.

[侍中尙書長史參軍 此悉貞亮死節之臣也 願陛下親之信之 則漢室之隆 可計日而待也]

신은 본디 미천한 백성으로 남양에서 몸소 밭 갈며 어지러운 세상에서 목숨이나 지키면서 지낼 뿐 제후에게 알려져 출세할 것을 구하지 않았거늘, 선제께서는 신을 비천하다 여기지 않으시고 귀한 몸을 굽혀 신의 오두막집을 세 번이나 찾으시어 당세의 일을 물으셨습니다.

[臣本布衣 躬耕南陽 苟全性命於亂世 不求聞達於諸侯 先帝不以臣卑鄙 猥自枉屈 三顧臣於草廬之中 咨臣以當世之事]

이에 감격하여 선제를 위해 힘써 일할 것을 허락하였더니, 그 뒤 국운의 기울어짐을 만나 패배한 군대의 때에 임무를 받고, 위급한 때에 명을 받든 것이 21년이 됩니다.

[由是感激 遂許先帝以驅馳 後値傾覆 受任於敗軍之際 奉命於危難之間 爾來二十有一年矣]

선제께서는 신이 삼가고 조심함을 아는지라 돌아가실 즈음에 신에게 큰일을 맡기셨으니, 명을 받은 이래 아침부터 밤까지 근심하고 탄식하며 부탁하신 일에 효과가 없어 선제의 밝으심을 해치지는 않을까 두려워했습니다.

[先帝知臣謹愼 故臨崩 寄臣以大事也 受命以來 夙夜憂嘆 恐託付不效 以傷先帝之明]

그리하여 5월에 노수를 건너 불모의 땅 깊이까지 들어갔습니다.

[故五月渡瀘 深入不毛]

이제 남방이 평정되고 무기와 갑옷이 풍족하니 마땅히 삼군을 권려하여 이끌고 북으로 중원을 정벌해야 합니다.

[今南方已定 兵甲已足 當獎率三軍 北定中原]

노둔한 힘이나마 다해 간사하고 흉악한 무리를 쳐 없애고 한의 황실을 일으켜 옛 도읍으로 돌아가는 것이 신이 선제께 보답하는 길이요, 폐하께 충성하기 위해 마땅히 해야 할 일입니다.

[庶竭駑鈍 攘除姦凶 興復漢室 還於舊都 此臣所以報先帝 而忠陛下之職分也]

이로움과 해로움을 헤아리고 나아가 충언을 올리는 것은 곽유지, 비위, 동윤의 임무이니 바라건대 폐하께서는 신에게 역적을 치고 나라를 일으키는 데 실효를 거둘 일을 맡기시어 효과가 없으면 신의 죄를 다스림으로써 선제의 영전에 고하소서.

[至於斟酌損益 進盡忠言 則攸之褘允之任也 願陛下 託臣以討賊興復之效 不效則治臣之罪 以告先帝之靈]

만일 폐하의 덕을 흥하게 할 충언이 없으면 곽유지와 비위, 동윤 등을 꾸짖어 그 게으름을 밝히옵소서.

[若無興德之言 責攸之褘允等之咎 以彰其慢]

폐하께서도 또한 마땅히 꾀하시어 옳은 길을 자문하시고 좋은 말을 살펴 받아들이시어 선제께서 남기신 가르침을 깊이 따르소서. 신은 받은 은혜에 감격하여 이제 먼 길을 떠나거니와, 떠남에 즈음하여 표문을 올리려 하니 눈물이 솟아 말할 바를 알지 못하겠습니다.

[陛下亦宜自謀 以諮諏善道 察納雅言 深追先帝遺詔 臣不勝受恩感激 今當遠離 臨表涕泣 不知所云]

－건흥 5년 평북대도독 승상 무향후 영익주목 지내외사 제갈량

[建興五年 平北大都督 丞相 武鄉侯 領益州牧 知內外事 諸葛亮]

누구나 한 번쯤 읽어봄 직한 명문이지만 약간 다른 관점으로 감상해볼 수도 있다. 이 전문을 가만히 음미해보면 단순히 신하가 황제에게 올리는 글만은 아니라는 느낌이 든다. 일단 직책으로는 국무총리 겸 총사령관이지만, 나이로 보나 이력으로 보나 제갈량은 황제 유선의 숙부, 혹은 스승 격은 족히 된다. 그런 제갈량이 '어린 조카' 황제에게 스스로 낮추면서 충정을 표현하고 있는데, 어린 황제를 타이르고 격려하고 당부하다 못해 사실상 지시를 내리기도 하고 아예 빼도 박도 못하게 대못을 박아버리는 내용도 있다.

물론 제갈량과 황제 유선은 혈연으로 얽힌 관계는 아니지만, 정신적으로 숙질 관계에 사제 관계까지 더한 관계였다. 유비는 어린 아들을 제갈량에게 맡길 당시 유선에게 '제갈량을 아버지와 같이 대하고 따르라'는 유언을 남겼고, 유선은 아버지의 유언에서 크게 벗어나지 않았다. 특히 「출사표」에서 황제 유선에게 '스스로 덕 없고 재주가 모자란다고 단정하지 말라'고 격려한 대목은 이런 속내를 적나라하게 보여준다. 또 자신이 출병하여 수도를 비울 때 누구를 어떻게 기용하고, 누가 어떤 역할을 하게 할지 일일이 정해준 것 역시 사실상 '무더기 인사발령장'과 다름없다. 그리고 위나라에 대한 공세, 즉 북벌을 담당할 자는 자신이라는 것을 기정사실로 선언해 애초부터 논의 대상에서 배제하고 있다.

사실 「출사표」는 신하가 황제에게 올리는 글이지만 쓴 이와 받는 이가 수직 관계라기보다 수평 관계로 느껴진다. 게다가 그 내용도 상당히 일방적이다. 군신 관계에서 아랫사람이 황제에게 올린 글이 이렇게 일방적이라면, 분수를 크게 넘어선 것이 아닐까 싶다.

「출사표」에 담긴 또 하나의 보이지 않는 일방성은 '위나라에 대한 선제공격으로 적극적인 방어를 구사한다는 국가 정책'에 대한 반대파 내지 중

도파의 의견을 선제先帝, 즉 유비의 권위를 차용해 확고하게 누르고 있다는 것이다. 오늘의 현실을 이야기하며 반복적으로 '선제'를 끌어들이는 것도 「출사표」를 음미할 때 감안해야 할 또 하나의 요소다.

명문과 글재주에 관한 생각도 「출사표」를 음미하는 하나의 포인트가 된다. 평범한 글재주는 그 자체로는 그다지 특별하지 않은, 그저 여러 가지 재주 가운데 하나일 뿐이지만, '훌륭한 글재주'는 현실과 이상 등 안팎의 모든 것이 잘 융합된 생각을 가장 설득력 있게 정리해낸다. 다시 말해 명문이란 단순한 글재주가 아니라 진심과 충정으로 완성된다는 얘기다. 그런 의미에서 「출사표」는 '잘 쓴 글'을 넘어 당시 제갈량 입장에서 '북벌'이라는 대사를 앞두고 이를 설득력 있게 설파한 '훌륭한 글'이라고 할 수 있다. 거기에 제갈량의 진심과 충정 그리고 솔직함과 겸손함까지 잘 엮여 있다. 신하로서 충정, 스승으로서 거침없는 충고, 선제의 이름을 끌어들여 확고하게 다지는 북벌의 명분, 뿐만 아니라 핵심 인사 배치에 대한 승상으로서 명쾌한 권한 행사까지 무엇 하나 소홀함이 없다. 그렇게 당시 삼국의 정세와 촉한의 국내 정치까지 잘 요약하고 있다.

당시의 국내 정치와 경제, 삼국의 관계라는 틀 속에서 제갈량은 최선을 다해 인생의 마지막 단원을 열었다. 국력이 약한 촉한에서 일생을 그렇게 던질 수밖에 없었을 것이다. 그런 만큼 「출사표」는 실로 비장한 글이고, 그래서 명문으로 기억되는 것이다.

오장원―자기만 멋있게 퇴장한 제갈량

오장원은 제갈량이라는 한 개인에게는 '생을 마감한 곳'이지만, 촉한 입장에서는 국운이 기울기 시작한 변곡점이다.

앞서 이야기했듯 제갈량의 일생에 두 번의 커다란 실패가 있었다. 의리로 뭉친 유비·관우·장비가 천하삼분지계라는 국가 전략을 무시한 채 똘마니 문화와 크게 다를 것 없는 의리 문화, 의형제 문화를 앞세워 복수를 위한 전쟁을 감행할 때 이를 저지하지 못한 것이 첫 번째 실패요, 국력을 총동원한 북벌 전쟁에서 패퇴한 것이 두 번째 실패다. 그 가운데 두 번째 실패가 시작된 곳이 가정이라면, 그 실패를 마감한 곳이 바로 오장원이다.

〈소설 삼국지〉의 흐름으로 보면 지혜의 화신이요, 아름다운 이인자이며, 난국의 한복판에서 티끌만 한 사심도 없이 살다 간 제갈량. 그 절대적 영웅이 죽으면서 이 거대한 서사시도 숨 가쁘게 마무리로 넘어간다.

모종강의 〈소설 삼국지〉는 총 120절로 되어 있는데, 34절에 등장한 제갈량은 104절에서 퇴장한다. 1절에서 33절까지는 일종의 서막으로, 난세를 묘사함으로써 제갈량의 화려한 등장을 이끌어내는 역할을 한다. 그리고 34절부터 104절까지 무려 71절에 걸친 분량은 제갈량이 적벽전을 거쳐 촉한을 세우고 남중을 정벌한 다음, '악의 축'인 위나라를 정벌하려다 병사하기까지 과정을 그리고 있다. 끝으로 제갈량 사후 이야기인 105절부터 120절까지는 주인공이 없어진 무대를 서둘러 마무리하는 수준이다. 결국 제갈량의 죽음이야말로 〈소설 삼국지〉의 클라이맥스이며, 이후에는 소설의 긴장과 재미를 다한 채 허전하고 재미없는 마무리만 남게 된다.

자, 이제 약간 다른 시각으로 음미해보자. 우선 제갈량의 '위나라 선제 공격'을 '북벌'이란 표현으로 규정하기 전 그 속에 담긴 실체적 전략을 음미해보면 오장원에서의 철수를 무조건 실패라고 단정할 수도 없다.

제갈량은 국력이 5 대 1 정도로 우세한 위나라에 대항하기 위해 공세적 전략을 채택했다. 위나라가 쳐들어오기 전에 먼저 침투해 들어가 상대방의 땅에서 전투를 벌였고, 그동안은(적어도 제갈량이 병사하기 전에는) 위나라가 촉한을 침공하지 못했다. 즉 선제공격을 통해 위나라의 침공을 효과적으로 저지했다는 사실만 놓고 보면 실패라고 할 수만은 없다. 따라서 이런 관점으로 보면 '북벌'이란 말은 과분한 표현이다. 상식적으로 국력이 다섯 배나 차이 나는데 어떻게 북벌이 가능하단 말인가. 물론 제갈량이 「출사표」를 내고 전쟁을 선포하면서 대의명분상 북벌이라고 주장할 수는 있지만, 그건 어디까지나 당사자의 정치적 수사일 뿐이다.

훗날 사람들은 국가적 차원에서 큰 그림을 어떻게 그려갔는지 살펴보기보다 제갈량의 선제공격에 북벌이라는 말로 대의명분을 부여하며 치켜세웠지만, 북벌이란 명제로 인해 오히려 오장원은 제갈량과 촉한을 실패로 이끈다.

오장원 전투는 제갈량이 병사함으로써 일단 종결된다. 직접적 패배는 아니지만 먼저 치고 나간 입장에서는 패배나 별반 다르지 않다. 그럼에도 역시 패배라고 단정할 수만은 없는 또 다른 측면이 있다. 제갈량 군대가 패해서 도주하다가 제갈량이 전사했다면 모를까, 하늘에 핑계를 댈 수 있는 병사였으니 제갈량의 팬들에게는 다행일 수도 있다. 사실 개인의 인생으로나 소설로나, 그 대목에서 제갈량이 병사한 것은 꽤 적절한 퇴장인 셈이다. 병사했으니 하늘이 주관한 일이 되고, 결국 제갈량 자신의 흠결은 없는 것이 되니까.

거듭 말하지만, 위나라와 촉한의 국력이 5 대 1 정도라면 위나라가 핵폭탄급 사건을 제 손으로 터뜨려 자폭하지 않는 이상, 촉한에게는 정벌 불가능한 대상이다. 제갈량의 융중 대책이란 것도 사실은 오나라와 손잡고 위나라가 자폭하길 기다려보자는 '치사한 전략'이다. 위나라가 스스로 심각한 자충수를 두지 않고 제갈량이 병사하지 않았다면, 제갈량은 군사적으로 패퇴하거나 정치적으로 퇴출당했을 것이다. 제갈량의 북벌 과정에서 231년 위나라의 명장 장합까지 죽이며 전세를 유리하게 끌고 갔지만, 후방에서 군사와 군량을 제대로 공급해주지 못해 철수한 적도 있다. 이 대목에서 〈소설 삼국지〉는 후방에서 군수 지원을 담당한 이엄이 보급 일정을 지키지 못하자 오나라가 쳐들어온다는 거짓 정보를 흘려 유선으로 하여금 제갈량의 원정군을 철수하게 하는 것으로 처리하고 있다. 이 내용의 핵심은 군수물자를 필요한 시점에 조달하지 못했다는 것이다.

전쟁은 결국 경제력에 좌우된다. 최전방에서는 제갈량이 잠시 우세한 국면을 이끌 수도 있다. 하지만 그건 병사들이 두어 끼만 굶으면 끝나는, 백지장 위의 위태로운 우세일 뿐이다. 〈소설 삼국지〉를 다시 떠올려보자. 제갈량은 그토록 신출귀몰하게 사마의를 몰아붙였으면서도 어째서 장안 근처에도 못 가고 번번이 철수해야 했을까? 오장원의 제갈량 사당에는 다섯 번에 걸친 북벌 전쟁 개념도가 있다. 모두 제갈량의 퇴각로를 표시한 것이다. 제목은 '북벌'이나 내용은 '퇴각'이다.

반면에 꽁지 빠지게 도망가면서 "내 머리가 제대로 붙어 있느냐"고 부하에게 물었을 정도로 변변찮은 사마의는 어떻게 위나라 대권까지 장악할 수 있었을까? 이런 의문은 〈소설 삼국지〉의 허구에서 비롯된다. 즉 사마의가 주인공이 아니기 때문에 조롱의 대상으로 묘사했을 뿐이다.

제갈량은 '자력으로는 이길 수 없는 전쟁'을 했다. 그런 면에서 제갈량에게는 정치적 반대자가 적지 않았다. 황제가 앞장선다고 해도 무모한 일에는 반대가 따르기 마련인데, 하물며 승상이 무모한 전쟁을 밀어붙이는데 반대자가 없을 수 있겠는가.

당시 정치적·군사적 연구 자료를 보면, 촉한의 인구가 대략 100만 명 정도인데 그 가운데 10만 명을 전장으로 차출했다고 한다. 이런 상황에서 그 사회가 온전히 유지될 수 있을까? 전쟁이란 무릇 백성이 감당할 수 있는 범위에서 해야 하고, 전쟁을 일으켰으면 필히 승리해야 한다. 그러나 제갈량은 이길 수 없는 전쟁을 벌였다. 그러니 전장에서 패배한 끝에 죽었거나, 패배하기 전 철수해서 방어 전략을 고수하다 위나라에 정벌당했다면 제갈량의 가치는 평가절하될 수밖에 없었을 것이다.

결국 제갈량은 가장 이상적인 최후, 즉 오장원에서 병사하는 것으로 '자기만 멋지게' 대미를 장식한 것이다. 제갈량 개인적으로는 멋진 퇴장이었지만 촉한은 이 일을 계기로 실제로 퇴출의 수순을 밟기 시작한다.

팔괘진과 팔괘정

〈소설 삼국지〉에서 사마의 군대와 전투할 때 제갈량은 팔괘진八卦陳이라는 진법을 펼친다. 사마의 군대가 팔괘진을 향해 기세등등하게 공격해왔지만 격파하지 못하고 오히려 큰 손실만 입은 채 도망가고 만다.

소설 속 전투를 꼼꼼히 살펴보면 승리는 순전히 제갈량의 공적이고, 지는 건 전부 다른 출연자의 실책 때문으로 묘사하고 있다. 자책점이 하나도 없는 투수다. 이 팔괘진 전투에서는 사마의의 첩자가 성도로 가서 "제갈량이 반란을 도모하려 한다"는 소문을 퍼뜨리는 바람에 황제 유선이 제갈량을 소환하면서 중지된 것으로 묘사하고 있다.

팔괘진은 고대부터 전해 내려오는 팔괘의 원리를 이용한 진법이라고 하지만, 구체적인 내용은 전하지 않는다. 아마도 작가 입장에서는 촉한도 이미 기울어가는 마당에 제갈량의 마지막 장면을 화려하게 장식해줄 '판타지 양념 비빔밥'이 필요하지 않았을까? 〈소설 삼국지〉에서는 팔괘

① 팔괘진 입구.
② 팔괘진 내부. 두리번거리다 보면 출구가 나오는 싱거운 미로다.
③ 팔괘정. 팔각 형태로 지은 정자다.
④ 팔괘정의 천장.

진 전투 이후 사마의 병사들이 제갈량의 축지법에 걸려들어 패배하기도 한다. 팔괘진과 축지법, 칠종칠금에 버금가는 판타지 에피소드를 북벌 전쟁 곳곳에 뿌린 셈이다. 소설이니 가능한 이야기다.

어쨌든 오장원에는 역사적 사실과 무관한 소설 속 이야기를 모티브로 해서 팔괘진이란 이름을 당당히 내건 허술한 '미로의 방'이 있다. 뿐만 아니라 팔각으로 뚝딱 만들어 이름을 '팔괘정八卦亭'이라 붙인 정자도 있다.

아무리 둘러봐도 팔 자 돌림이란 것 외에 팔괘정이 제갈량의 팔괘진과 어떤 관계인지 알 수가 없다. 허구를 기정사실화해 각종 기념물과 유사품 유적을 만들어내는 중국인의 낭만적 발상이 흥미로울 따름이다. 보기에 따라서는 유치하고 허술한 과장이라며 냉소를 지을 수도 있다.

로봇 제갈량에 대한 재미있는 상상

오장원의 제갈량 사당 한쪽에 사당이 또 하나 있다. 제갈량의 부인 황월영黃月英을 위한 사당이다. 그녀의 다른 이름은 아추阿丑다. 아阿는 친밀함을 나타내는 접두사고, 추丑는 추醜와 같은 자로 '못생겼다'는 뜻이다. 그러니까 아추를 굳이 우리말로 번역하면 '못난이'쯤 된다.

그런데 아추는 귀여운 의미의 못난이가 아니라 '진짜 못생긴 여자'였다고 한다. 집안은 굉장했지만 외모가 많이 달린 모양이다. 황월영의 부친 황승언黃承彦은 그 지방의 명사로 제갈량의 스승 사마휘와 절친했다. 또 그녀의 모친 채씨는 형주 자사 유표의 처제고, 형주의 실권자 중 하나인 채모와는 오누이 사이다. 권력으로 보나 학문으로 보나 1퍼센트 최상층에 속하는 부모를 두었으니 남부러울 것이 없었겠지만, 딱 하나 '외모'

가 걸린 모양이다. 부친 황승언의 말에 따르면 딸아이가 못생기긴 했지만 공부만큼은 꽤 잘했다고 한다. 외모의 약점을 뛰어난 학식과 든든한 배경으로 커버했기에 전국에서 가장 총명한 수재 사위를 볼 수 있었다. 하지만 제갈량은 황월영의 백그라운드보다 학식이나 인덕을 택한 것 같다. 이미 기반을 잡은 권력자 유표 대신 떠돌이 신세를 벗어나지 못한 유비에게 갔으니까.

제갈량과 황월영 부부를 둘러싼 야사가 하나 있다.

못생겼지만 누구보다 총명한 황월영은 남편 제갈량에게 많은 아이디어를 제공했다고 한다. 가령 〈소설 삼국지〉에서 북벌 전투 중 등장한 '목우木牛'와 '유마流馬'의 실제 발명자가 황월영이라는 것이다. 목우와 유마는 한마디로 '먹이를 주지 않아도 식량을 운송하는 기계'다. 그만큼 창의력이 뛰어난 아내였기에 제갈량은 가끔 부인이 귀띔해준 내용을 부채에 메모해놓고는 사람들 앞에서 부채로 입을 가리고 슬쩍슬쩍 엿보면서 대화를 나눴다는 것이다.

우리나라 축구계에서는 아버지 차범근이 멀리서 아들을 원격조종했다는 '로봇 차두리' 이야기가 재미있게 회자되기도 했는데, 중국에서는 이미 1,800여 년 전 '박색이지만 영특한' 부인이 천하의 제갈량을 티 안 나게 원격조종했다는 우스개가 있었던 셈이다.

어차피 야사는 야사일 뿐이지만, 실제로 황월영은 현모양처였다고 한다. 부잣집 딸로 태어나 권력자의 부인이 됐지만 검소하고 소박한 삶을 산, '속이 꽉 찬' 여인이었던 것 같다.

『삼국지』 여행에서 만난 『서유기』

중국 섬서성의 성도 서안은 아테네, 로마, 카이로와 함께 세계 4대 고도로 꼽힐 만큼 장구한 역사를 지닌 도시다. 주·진·한·수·당으로 이어지는 동안 '장안' 이란 이름으로 12개 왕조의 수도였으며, 명나라 때 서안으로 이름을 바꾸었다. 우리가 흔히 수도라는 뜻으로 장안이라 할 때, 그 장안이 바로 현재의 서안이다. 중국에서는 1,000년 전부터 그전의 1,000년을 보기 위해 찾을 만큼 오래된 도시로 실크로드의 출발점도, 현장법사가 인도를 향해 출발했다가 다시 돌아온 곳도 바로 이곳 서안이다. 가까이 진시황의 병마용갱이 있고, 고대 성벽이 가장 잘 보존돼 있는 곳이기도 하다.

역사적 사실에 소설적 허구와 상상력을 보태 대하역사소설 『삼국지』가 탄생한 것처럼 『서유기西遊記』도 현장법사라는 실존 인물에 허구와 상상력을 버무린 걸작이다.

누구나 알고 있듯 『서유기』는 장안을 출발한 현장법사가 타클라마칸 사막을 건너 멀리 인도까지 다녀온 역사적 사실을 바탕에 깔고 있다. 그 고난의 여정에 초특급 망나니 원숭이 손오공과 단순무식하고 치졸한 낙천주의자 저팔계, 그리고 망각의 귀재이자 귀여운 비관론자 사오정이 합류하면서 판타지 이야기가 뭉게구름처럼 피어오른다. 조용히 걸어가는 스님의 전후좌우에 온갖 판타지성 전투와 귀여운 투덜거림, 신나는 어드벤처를 대량으로 비벼내 『서유기』가 탄생한 것이다. 역사적 사실과 중국 특유의 상상력이 만나 '역사'와 '이야기'라는 두 버전을 만들어냈다는 점에서 『삼국지』와 『서유기』는 서로 닮은꼴이다.

현장은 고승高僧으로 번역가이자 여행가였다. 600년에 태어나 664년까지 64년을 살았고, 그 가운데 18년 동안 장안 → 서역 → 인도 → 장안을 여행했다. 그리고 인도에서 가져온 불교 경전을 장안의 대자은사大慈恩寺에서 번역해 1,335권의 불경 번역서를 남겼으며 불교의 한 종파인 법상종法相宗을 창시했다.

대자은사 앞마당의 현장법사 동상.
뒤에 보이는 것이 대안탑이다.

현장법사의 인도 여행을 보여주는
각종 전시물. 커다란 사각 유리 안
에 있는 책은 모두 현장이 번역한
불경이다.

당시 풍물을 묘사한 부조. 당나라
는 서역과 중앙아시아는 물론 북
쪽의 유목민과도 개방적으로 교류
한 왕조다. 그래서 등장인물 가운
데 이국적인 생김새가 많다.

중국에서 승려가 육식을 하지 않은 것도 현장법사 때부터라고 한다. 그전에는 무엇이든 가리지 않고 잘 먹었단다. 전래된 지 얼마 되지 않은 인도의 불교가 중국의 육식 습관에 맥을 못 추다 현장법사의 주장으로 제자리를 찾아간 셈이다.

대자은사를 처음 지은 것은 수나라 때다. 당 고종 이치李治가 태자였을 때, 정관 22년(648년)에 어머니 문덕황후의 명복을 기원하기 위해 중건하고 주지스님으로 현장을 초빙한 것이다.

대자은사 안에는 대안탑大雁塔이 있다. 652년 현장법사가 직접 설계해 지은 54미터 높이의 5층 석탑인데, 당시 건축물 가운데 가장 잘 보전되어 오늘날까지 전해지는 걸작이다. 그래서 이곳을 지칭할 때 대자은사보다 대안탑이란 말이 통용되고 있다.

1,500년 전, 서역의 타클라마칸 사막을 두 발로 건넌 위대한 여행자의 발자취를 떠올려보면 대안탑 광장의 현장법사 동상이 더욱 생동감 넘치게 다가온다.

한중에서 한나라의
대업이 열리다

로드 투 한중

이제 한중으로 간다. 한중은 섬서성 남부, 사천성의 북쪽 경계에 가깝다.

정치적으로 중국을 통일한 최초의 왕조 진나라는 중국 발음으로 '친(qin)'인데, 이 말이 인도로 넘어가 유럽으로 전해지면서 로마자 표기로 '차이나(China)'가 되었다. 그래서 남들이 부를 때 중국은 아직도 진나라인 셈이다. 우리나라가 로마자 표기로 아직 '고려(Korea)'인 것과 같다.

그러나 중국이 스스로를 지칭하는 말은 외국에서 부르는 말과 다르다. 우리가 우리를 부를 때 한韓이라 하듯이 중국 사람은 자신을 지칭할 때 한漢이라 한다. 그래서 중국을 대표하는 민족은 한족漢族이고, 언어는 한어漢語이며, 문자는 한자漢字다. 이 '한漢'이 바로 한중의 '한'이다.

포하 강변의 큼지막한 누각과 석상들.

항우는 유방이 꼬리를 내리자 그를 한중의 왕, 곧 한왕漢王으로 봉한다. 유방은 뒤도 안 돌아보고 이곳 한중으로 들어와 둥지를 틀었다. 훗날 유방이 초·한 전쟁에서 항우를 격파한 후 새로운 왕조를 세웠고, 그가 한왕이었기 때문에 국호가 한나라가 된 것이다. 세월이 흘러 한나라의 국운이 쇠퇴하자, 유비가 '한 황실의 부흥'이라는 대의명분을 줄기차게 외치더니 스스로 한중왕漢中王이 되는데 그곳도 역시 한중이다. 그의 선조이자 황실의 시발점인 한 고조 유방이 거친 과정을 '한실 부흥'이란 대의명분 아래 유사하게 따라한 셈이다.

다음의 지도에서 가로로 굵게 그린 두 산맥 중 위쪽이 진령산맥이고, 아래는 미창산米倉山과 대파산大巴山이다. 이 두 개의 산맥으로 둘러싸인

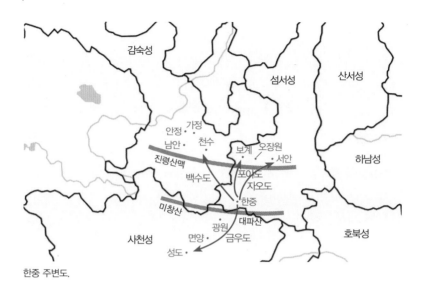

한중 주변도.

분지의 중심 도시가 바로 한중이다.

촉도蜀道라 부르는 길이 있는데 서안에서 한중, 광원, 검각, 면양, 덕양을 거쳐 성도로 650킬로미터에 걸쳐 이어지는 험로다. 일찍이 당나라 시인 이백李白이 "촉으로 가는 길은 하늘을 오르기보다 어렵구나"라고 한 '촉도난蜀道難'이 바로 이 길이다. 그리고 한중은 촉도난의 중심에 있다. 현재 한중에서 사천성으로 넘어가는 고속도로가 새로 개통됐는데 교각의 규모만 봐도 그 옛길이 얼마나 험했을지 충분히 짐작할 수 있다.

한중에서 서남쪽 성도로 이어지는 길은 금우도金牛道다. 이 옛길도 상당히 험준한 산을 넘어가야 한다. 한중에서 진령산맥을 넘어가려면 험한 계곡을 수없이 거쳐야 한다. 지도에 표시한 세 길이 대표적인 옛길이다. 왼쪽에는 한중에서 서북 방향인 천수 쪽으로 이어지는 백수도白水道, 중간에 한중에서 보계와 오장원 방향으로 이어지는 포야도褒斜道, 그리고 한중에서 서안으로 곧장 이어지는 자오도子午道가 있다.

포야도의 가운데 글자[斜]는 '사'가 아니라 '야'로 읽어야 한다. 이 글자에는 두 가지 뜻과 음이 있다. 하나는 많은 사람이 익히 알고 있는 '피사의 사탑斜塔'처럼 '기울어지다'는 뜻의 '사'다. 그러나 계곡 이름에 쓰였을 때는 '야'로 읽어야 한다. 포야도는 곧 포하褒河라는 강이 흐르는 계곡을 지칭한다.

불륜의 다리

오장원의 남쪽, 진령산맥에서 발원해 한중으로 흘러가는 포하. 세월이 흘러 산이 깎이며 포야褒斜라는 험한 계곡이 생겼다. 물과 새와 구름 말고는 넘어가기 어려운 곳이다. 이 험준한 포야 계곡을 통과하는 옛길이 지금도 남아 있다. 제갈량이 북벌을 위해 출병할 때 통과한 길이다.

한중 시내에서 버스를 타고 종점에 내리면 포하 건너편의 큼지막한 누각과 두 그룹의 석상이 한눈에 들어온다. 처음부터 범상치 않은 포스가 느껴진다.

지금은 흔들다리 하나가 강의 이쪽과 저쪽을 이어주고 있다. 이 다리의 이름은 정인교情人橋, '연인의 다리'란 뜻이다. 중국어에서 정인情人은 '애인'이고, 애인愛人은 '배우자'란 뜻이다. 그러니 이 다리의 이름으로 쓰인 '정인'은 뭔가 부적절한 관계로 느껴질 수도 있다. 심하게 말하면 '불륜의 다리'가 될 수도 있다는 얘기다.

포하 계곡 입구에서 조금 더 올라가면 동쪽으로 옛길의 흔적이 남아 있다. 지금은 통행할 수 없는 한대방漢臺坊 고잔도古棧道다. 낡고 부서진 잔도의 흔적이 그대로 남아 있어 묘한 감흥을 불러일으킨다. 세월에 침

정인교. '연인의 다리'란 뜻이다. 아마도 다리가 흔들리면 남자가 여자를 자연스레 잡아주게 되어서
붙인 이름 같다.

한대방 고잔도. 낡고 부서진 잔도의 흔적이 그대로 남아 있어 묘한 감흥을 불러일으킨다.

옛 잔도의 흔적.

석문댐. 자연의 절벽과 인공 댐이 나란히 서 있다.

바위를 뚫고 가는 구간. 옛날 이런 곳을 석문이라 불렀다. 그래서 이곳 잔도를 석문잔도라고 부른다.

석문 안쪽의 짧은 터널 구간.

암벽에 지지대를 박았던 흔적.

식당해 여기저기 부서진 잔도의 난간을 보존하기 위해 콘크리트로 만든 지지대를 박아 넣기도 했다. 계곡의 암반을 뚫고 지나간 '석문石門'도 보인다.

포하가 흐르는 이 험난한 계곡을 꼭 지나야 했을까. 깎아지른 절벽에 구멍을 하나하나 뚫고 그 구멍에 지지대를 가로 박아 기어이 길을 냈다. 그 위로 사람이 지나기를 수천 년, 발길을 허락하지 않는 대자연의 난코스조차 뚫어버리는 인간의 욕망이 놀랍기만 하다.

서안에서 성도로 이어지는 통행로 가운데 역사적으로 가장 유명한 잔도는 포야도였다. 포하의 수면 가까이 건설한 잔도였지만 1975년 석문댐을 건설하면서 물에 잠겨버렸다. 조상이 목숨 바쳐 낸 길을 후손이 침몰시킨 셈이다.

포야도보다 조금 더 높은 곳에 석문잔도石門棧道가 있다. 곳곳에 회랑과 같이 지붕을 올리고 정자를 설치했다. 한중 쪽으로 흘러 내려가는 가릉강의 험준한 계곡을 통과하는 잔도 가운데 일부 구간인 석문잔도는 제갈량이 북벌을 감행하며 북상한 루트이자 위나라의 군대가 촉을 정벌하러 남하한 루트다. 험한 산을 넘기 어려워 바위 절벽에 구멍을 뚫고 다리를 놓은 이 길에 얼마나 많은 땀과 눈물이 깃들어 있을까.

조조의 곤설

한중은 예나 지금이나 깊은 계곡으로 격류가 물방울을 튀기면서 굽이쳐 흐른다. 하늘 오르기보다 어렵다는 촉으로 가는 길. 그러나 촉한을 치기 위해서는 반드시 통과해야 하는 길목이 바로 한중이다.

곤설. 조조의 필체는 상당한 수준으로 평가받았는데, 그가 남긴 유일한 필체다.

조조는 평생에 걸쳐 두 번 한중을 찾았다. 한 번은 전투를 치르지 않았고, 또 한 번은 219년 촉한의 황충黃忠이 위나라의 하후연夏候淵을 죽이자 직접 대군을 이끌고 진군해왔다. 그러나 유비가 전투를 피하며 시간을 끌자 전진할 수도, 퇴각할 수도 없는 상황에 처하게 된다. 그러던 어느 날 조조는 답답한 마음을 달래려 산에 올랐다가 물보라를 일으키는 계곡의 장관을 목도한다. 넘치는 시적 영감을 주체할 수 없었던 것일까. 조조는 붓을 들어 일필휘지를 날렸다.

'곤설袞雪.'

조조의 필체는 상당한 수준으로 평가받았다. 현재 전해 내려오는 조조의 유일한 필체가 바로 '곤설'이라는 두 글자다.

한중 박물관인 고한대 입구.

곤룡포 곤袞에 눈 설雪.

소용돌이치며 물거품을 날리는 격류가 마치 '눈덩이가 굴러가는 것' 같
다는 뜻이다. 사실 '물이 세차게 흐른다'는 뜻을 표현하려면 '곤袞'이 아니
라 삼수변[氵]을 붙여 '곤滾'으로 쓰는 게 맞다. 그런데 왜 삼수변을 뺐을
까? 조조가 실수한 것일까? 이에 대한 답변이 꽤 그럴듯하다. 강물이 휘
돌아 돌에 부딪히며 물을 뿌리고 있으니 구태여 붓으로 삼수변을 보탤
필요가 없다는 얘기다. 즉 자연의 물방울이 글씨의 삼수변 역할을 하고
있다는 뜻. 그렇다면 '곤설'은 그야말로 건안문학의 영수답게 조조의 기
개 넘치는 호방한 풍류를 멋지게 보여주는 것이다.

혹자는 임금이 입는 옷을 뜻하는 '곤袞' 자를 시적 감흥으로 위장해 위

잔도 건설 공사에 동원된 석공의 그림. 백발에 수염 난 노인이 쇠사슬에 묶인 채 고된 노동을 묵묵히, 아니 죽지 못해 수행하고 있다.

왕에 오르려는 야심을 표현했다고도 하는데, 역사 속 조조를 제대로 음미해보면 별로 설득력 있게 들리지 않는다. 게다가 곤룡포 '곤袞' 자와 흐를 '곤滾' 자는 통가자通假字, 즉 동일한 글자로 간주하므로 삼수변 유무를 가지고 왈가왈부하는 것은 한자에서 종종 하는 '파자破字놀이'일 뿐, 다른 의미는 없다고 보는 게 옳을 듯하다.

후세 사람들의 해석이야 어떠하건 조조가 남긴 유일한 필체 '곤설'은 중국의 국보급 보물로 현재 한중 박물관에서 진품을 소장하고 있다.

한중 시내에 있는 한중 박물관은 고한대古漢臺라고 부른다. 이곳에는 포야도가 석문댐의 물에 잠기기 전에 그곳에서 옮겨온 유물이 전시되어 있다. 박물관 안에는 잔도와 관련한 두 개의 전시관이 있다. '포야 고잔도 전시실'과 '석문 13품 전시실'이 그것이다.

전시관의 많은 유물 중에서 유독 눈에 띄는 그림 한 장이 있다. 잔도 건설 공사에 동원된 석공의 그림이다. 백발에 수염 난 노인이 윗옷을 입지도 않고 쇠사슬에 발목이 묶인 채 망치질을 하고 있다. 어디서 태어나 어떤 인생을 살았는지 알 수 없지만 사슬에 묶인 채 고된 노동을 묵묵히, 아니 죽지 못해 수행하고 있는 노인의 얼굴에 가슴이 먹먹해진다.

과연 하루 한 끼나 제대로 먹었을까, 발목을 죄는 저 쇠사슬은 얼마나 고통스러울까, 잠은 어떻게 자고 대소변은 어떻게 처리했을까, 비가 오고 바람이 불면 어떻게 했을까…….

이 '인간 의지의 상징물'인 잔도를 수많은 병사가 오가며 전쟁을 했을 것이다. 전쟁이 끝나면 상인들이 나귀에 물건을 싣고 양쪽을 오갔을 테고, 그렇게 대륙의 곳곳이 연결되었을 것이다.

위연이 참살당한 호두교

면현에서 제갈량의 묘를 둘러보고 돌아가는 길에 위연魏延이 참살당한 곳을 우연히 보게 되었다. 그곳은 한중 시외터미널 길 건너편에 있었다.

위연은 어떤 인물인가? 일단 역사에 기록된 내용에 따르면, 유비가 익주, 즉 지금의 성도로 들어갈 때 그는 일개 사병이었다. 이후 타고난 용맹을 앞세워 차곡차곡 공을 쌓더니 장군으로 발탁되기에 이른다. 그러나 제갈량이 죽고 그 뒤를 이어받은 양의楊儀가 자신을 관리 감독하자 위연은 이에 반발하기 시작한다. 두 사람의 갈등은 점점 커져 마침내 철수하는 촉한의 군대를 큰 위험에 빠뜨리기도 한다. 결국 자신의 잘못으로 규명되자 위연은 아들들과 함께 도주하고, 마대馬垈의 군대가 추격해 그를

호두교. 위연이 처형당한 곳이다.

위연 장군의 모습을 새긴 부조.

죽이고 만다. 그 처형 장소가 이곳 호두교虎頭橋다. 위연은 용맹했지만 오만한 성격으로 조직 내에서 잘 융화하지 못한 캐릭터였다.

〈소설 삼국지〉 속 위연의 이야기는 좀 더 재미있다. 처음에 위연은 형주의 유표 휘하에 있었다. 그러나 유표의 자리를 물려받은 유종이 조조에게 항복하려 하자 이에 반발해 다툼을 벌인 뒤 장사 태수 한현韓玄에게 간다. 이때 한현과 관우의 전투가 벌어지자 한현 휘하에 있던 황충이 관우와 용쟁호투 같은 접전을 벌이지만 이기지 못한다. 한현은 이를 반역으로 의심해 황충을 죽이려 한다. 이때 위연이 나서서 한현을 죽이고, 황충과 함께 관우에게 투항한다는 것이다.

이때 제갈량은 "위연이 반골反骨의 상으로 훗날 분명히 반란을 꾀할 것이니 중용하지 말라"고 한다. 여기까지는 모두 소설 속 이야기다.

역사 기록에는 황충이 관우를 상대로 용쟁호투와 같은 멋진 전투를 벌인 적이 없고, 단지 그 지역 몇 개 군이 유비에게 항복하는 바람에 황충도 함께 귀순했을 뿐이다. 그리고 위연이 반골의 상이며 훗날 모반을 꾀할 것이라는 제갈량의 예언 역시 '훗날 위연이 제갈량의 후임인 양의에게 반발한 실제 사건'에 대한 허구의 복선에 불과하다. 다시 말해 제갈량의 신출귀몰한 총기와 안목을 부각시키기 위한 것이다.

더 나아가 〈소설 삼국지〉에서는 제갈량이 죽으면서 양의에게 비단 주머니 하나를 건네준다.

"훗날 위연에게 문제가 생기거든 그때 열어보라."

이런 설정은 비록 진부하긴 해도 예나 지금이나 '이야기의 힘'을 발휘한다. 도대체 그 비단 주머니에 무엇이 들어 있을까? 그걸 알아내기 위해서라도 끝까지 책을 읽어야 한다.

나중에 위연이 반란을 일으켜 군사를 이끌고 남정을 취하려 하자 양의와 강유姜維의 군대가 그를 막아선다. 이제 때가 왔다. 양의는 제갈량이 준 비단 주머니를 꺼내보고는 위연에게 "누가 감히 나를 죽이겠느냐?"라고 세 번만 외치면 남정을 넘겨주겠다고 말한다. 위연은 양의가 시키는 대로 세 번 외친다.

"누가 감히 나를 죽이겠느냐?"

"누가 감히 나를 죽이겠느냐?"

"누가 감히 나를 죽이겠느냐?"

말이 끝나기가 무섭게 마대가 뛰어나와 "내가 감히 너를 죽이겠다!"고 소리치며 단칼에 목을 쳐버린다. 제갈량이 죽기 전에 마대에게 미리 지시해놓은 비밀 지령이란 것이다.

이 상황은 아무리 소설이지만 좀 어처구니없어 보인다. 반란군과 맞닥뜨린 일촉즉발의 상황에서 별안간 비단 주머니를 꺼내는 것도 우습고, "누가 나를 죽이겠느냐?"고 세 번 외치면 중요한 군사기지 하나를 반란군에게 내준다는 조건도 터무니없다. 제갈량의 초인적 능력을 끝없이 찬양하려다 도가 지나쳐 결국 이렇듯 허무맹랑한 이야기까지 지어낸 것이다.

아무튼 다시 위연의 이야기로 돌아와, 사람의 '됨됨이'라는 문제를 다시 한 번 생각해보자. 문文이든 무武든 뛰어난 재능이 꽃을 피우고 열매를 맺기 위해서는 내적인 '바름[正]'이 바탕에 깔려야 한다. 위연은 무장으로서 많은 공을 세웠지만 모난 성품으로 동료들과 어울리지 못해 자주 다투다 반란의 주역이 되어 참살당하는 것으로 생을 마감했다. 그가 '반란을 일으켰다'는 것이 핵심이 아니라 주위 사람과 어울리지 못하다 그로 인해 스스로 반란의 구덩이로 빠진 것이니, 결국은 사람 됨됨이가 문제의 원인이요, 반란은 그 결과인 셈이다. 인성이 받쳐주지 않는 재능은 살아 있는 재능이 아니다.

한중의 이야기 마당

석문잔도 입구 널찍한 마당에 '한중의 이야기'가 늘어서 있다. 역사 속에서 이곳을 거쳐간 수많은 인물이 석상이나 그림으로 남아 있다.

한중개한업漢中開漢業, '한중에서 한나라의 대업이 열리다'라는 말처럼 한중의 가장 큰 역사적 의미는 아마도 한업漢業일 것이다. 한 고조 유방이 세운 한나라, 유비가 한 황실을 부흥하겠다며 슬쩍 황제로 올라선 촉한, 그리고 중국인이 자신의 정체성을 규정하는 한漢, 이 모든 것을 통틀

'한중개한업'이라고 쓰여 있는 커다란 돌. '한중에서 한 나라의 대업이 열리다'라는 뜻이다.

작은 샘물에도 한중이란 이름이 붙어 있다.

어 '한업'이라 할 수 있다.

한 고조 유방은 세금을 경감하고 대외적으로 전쟁을 삼가 백성이 '쉴 수 있게' 해주었다. 그리하여 인구도 증가하고 생산성도 향상되는 등 내부적으로 강성해지는 발판을 마련했다. 흉노와의 굴욕적인 화친을 참아내며 백성을 살핀 결과, 나라를 부강하게 만들 수 있었다.

그러나 한 무제는 이렇듯 안으로 튼튼해진 나라를 물려받아 대외적으로 전쟁을 벌이기 시작했다. 한 무제는 정말 바빴다. 북방의 흉노를 상대로 몇 번의 승리를 맛보았고, 서역 각국과 동맹을 맺었으며, 동쪽으로는 고조선의 내분을 틈타 한사군을 설치하고, 남으로는 베트남 인접 지역까지 영토를 확장하는 등 전성기의 면모를 보여주었다. 그러나 전쟁에 취한 한 무제는 40여 년간 끝없는 전쟁으로 나라 살림을 거덜낸 끝에 중원 문명을 내리막으로 이끈 장본인이 되고 말았다.

좀 더 걷다 보면 강유姜維의 석상이 나온다.

강유는 애당초 제갈량 적군의 장수였다. 소설에서는 제갈량이 1차 북벌에 나섰을 때 위나라 장수로 나와 천수에서 조자룡趙子龍 군대를 격파한다. 이때 그의 재능을 간파한 제갈량은 계책을 써서 강유가 마음 깊이

한 고조 유방(가운데), 그를 보좌하고 있는 한신(오른쪽)과 소하(왼쪽)의 석상.

한 무제(가운데)를 위청(왼쪽)과 곽거병(오른쪽)이 무서운 표정으로 보좌하고 있다.

자신을 섬기게끔 하는 데 성공한다. 필요하다고 판단하면 적의 유능한 장수마저 사로잡아 자신의 사람으로 만드는 제갈량의 신출귀몰한 지혜에 또 한 번 감탄하게 되는 순간이다.

하지만 이것도 역사적 사실과는 좀 다르다. 제갈량의 북벌 프로젝트가 시작된 상황에서 강유는 태수와의 갈등과 오해로 오도 가도 못하는 신세가 되어 자발적으로 제갈량에게 항복해온 것이다. 제갈량은 그를 중용해 능력을 발휘하게 했고, 강유는 제갈량 사후에도 군사 방면에서 그의 후계자가 됐다. 그리고 자신을 믿어준 제갈량의 정책에 집착해 한사코 국력에 버거운 북벌을 주장했다.

천천히 걸으며 중국 역사책에 등장하는 여러 인물을 만나다 보면 『삼국지』 후반전의 최강자 사마의가 나타난다. 제갈량에게 사마의는 끝내 넘어설 수 없었던 위나라의 총사령관이다.

사마의는 후반전에 이르러 하필 제갈량의 맞수로 등장하는 바람에 소설 속에서 온갖 모욕을 당하게 된다. 그에 대한 일방적인 깎아내리기가 어찌나 심한지 '위나라에 아무리 인재가 없기로서니 이런 호구를 총사령관에 앉혀놨을까' 하는 생각마저 들 정도다.

어떻게 된 게, 총사령관이란 작자가 전투만 했다 하면 깨지고, 제갈량의 화공에 갇혀서는 아들들과 얼싸안고 "이제 죽었다"며 울고불고, 불리하면 정신없이 도망가고, 도망가다 부하들에게 목이 제대로 붙어 있느냐고 묻기나 하고, 돌아가서는 겁에 질려 성문을 걸어잠근 채 수비만 하고, 심지어 죽은 제갈량이 타고 있는 수레에 놀라 삼십육계 줄행랑을 치고…… 정말이지 혀를 끌끌 차게 하는 인물이다.

하지만 그건 어디까지나 소설 속 이야기일 뿐이다. 어느 장수나 패배가 있으면 승리도 있는 법. 사마의 역시 지기도 하고 이기기도 했다. 기

강유 동상.
사마의 석상.

습공격으로 제갈량 군대를 격파하기도 하고 지구전으로 제갈량의 진을 빼놓기도 하며 결국 천하의 제갈량을 무너뜨린 장본인이 바로 사마의다. 그리고 삼국시대를 종결시킨 최후의 승자는 사마의다.

제갈량 인생의 최후 결전인 오장원 전투에서 사마의는 지구전을 펼친다. 아무리 싸움을 걸어와도 응해주지 않고, 제갈량 군대에서 온갖 욕을 해도 끝내 참아낸다.

그런 사마의의 판단은 정확했다. 뒷심이 달리는 군대를 무너뜨리는 데는 대규모 궁수부대나 천하무적 기병대보다 '시간'이라는 소리 없는 무기가 유용할 수도 있다. 특히 잔머리 잘 굴리는 군대일수록 밋밋하고 진득하게 상대하는 게 상책이다. 결국 지구전에 끌려다니던 제갈량은 과로사하고 마는데, 사마의가 던진 '시간 폭탄'에 맞아 쓰러진 것이라고 할 수 있다. 결과적으로 사마의는 제갈량을 넘어서는 책략과 지혜로 적의 공격을 막아내면서 '느긋한 지구전'으로 '신출귀몰 제갈량'을 서서히 쓰러뜨린 셈이다.

이후 사마의는 조조 일가, 즉 황제의 살벌한 견제 속에서도 현명하게 목숨을 부지했고, 생명의 위협을 요리조리 헤쳐나가며 기회를 틈타 권력을 장악하기에 이른다. 이렇게 사마의 일가는 위나라를 통째로 삼킨 뒤 진晉나라를 세웠고, 드디어 사마씨가 황제에 오르게 된다. 예전에 조조 일가가 유씨 황제를 폐하고 한나라를 집어삼킨 과정을 사마의가 재현한 것이다. 뿐만 아니라 조조 스스로 황제가 되지 않고 그 아들 조비에게 물려준 것처럼, 사마의도 자신의 아들을 거쳐 손자가 황제에 오를 수 있는 기반을 만들었다. 자식을 능력 있는 인재로 키워낸 것 역시 비슷하다. 물론 조조와 사마의를 같은 선상에서 평가할 수는 없겠지만, 적어도 소설에서 묘사한 것처럼 졸렬한 인물은 전혀 아니었다.

물론 사마의가 죽은 후에 벌어진 일을 보면 그다지 멋지지는 않다.

조조 일가는 일찍이 그들이 감행한 황위 찬탈 과정과 똑같은 방식으로 사마의 일가에게 당했다. 권력을 잡은 사마의 일가는 더 이상 쿠데타가 일어나지 않도록 각지의 제후를 사마씨 일족으로 채웠다. 최소한 같은 혈족이니 황제를 어찌하지는 않을 거라는 생각이었을 것이다. 하지만 그건 그저 공허한 '출제자의 의도'였을 뿐, 결과는 거꾸로 나왔다. '나도 사마씨이거늘 왜 황제가 못 되고 제후로 처박혀 있으란 말이냐!'는 반론이 여기저기서 터져 나왔다. 그리하여 진나라는 사마씨의 집안싸움으로 치명적인 병을 앓기 시작한다. 암살, 독살이 횡행하고 서로 분열되어 머리 터지게 싸우다 결국 사마씨 일가는 두어 명만 남고 깡그리 죽어나갔다. 이것이 바로 '팔왕의 난'이다. 사마 성을 가진 여덟 왕이 자기들끼리 죽고 죽이다 몰살한 것이다.

한나라는 조씨가 폐하고, 조씨의 위나라는 사마씨가 엎어버리고, 다시 사마씨의 진나라는 사마씨에 의해 자폭하고 마는 혼란의 정치적·역사적 유산으로 인해, 사마의는 '능력은 있으되 덕이 없는' 인물로 평가절하 될 수밖에 없었을 것이다.

석문잔도 입구의 소담정.

석문잔도 입구에 늘어서 있는 〈소설 삼국지〉와 〈역사 삼국지〉의 상징
물 틈에 소담정笑談亭이라는 회랑이 있다. 소담이란 모종강의 『삼국지연
의』에 나오는 것이다. 『삼국지연의』를 펼치면 제일 앞머리, 본문이 시작
되기 전에 「임강선臨江仙」이라는 한 편의 서사序詞가 등장한다. 명나라
양신楊愼의 작품으로 '강가에 서니 신선이 된 것 같노라'쯤으로 해석할 수
있다.

임강선臨江仙

장강은 도도히 동으로 흐르건만[滾滾長江東逝水]

물보라에 씻겨 영웅들은 모두 사라졌네[浪花淘盡英雄]

시비와 성패는 허공에 사라지고[是非成敗轉頭空]

청산은 예와 같은데[青山依舊在]

지는 해 붉은 노을 몇 번이더냐[幾度夕陽紅]

강가의 백발 어부와 나무꾼[白髮漁樵江渚上]

가을 달과 봄바람을 수없이 보았으리[慣看秋月春風]

탁주 한 병 놓아두고 기쁘게 만나[一壺濁酒喜相逢]

고금의 숱한 일들[古今多少事]

웃으며 나누는 이야기에 부쳐보리라[都付笑談中]

'소담'이란 '웃으며 나누는 이야기'다. 그 한마디를 회랑의 이름으로 삼은 것이다. '웃으며 나누는 이야기'란 이제부터 역사를 소설로 풀어나간다는 의미이기도 하다. 소담이란 말을 통해 이미 역사가 강을 건너 '소설의 세계'로 넘어간다고 선언하는 것이다. 그래서 『삼국지』는 역사보다 매력적이고 재미있는 소설로 남았고, 그 때문에 많은 사람이 소설을 역사로 잘못 알고 있다.

나 죽거든 정군산에 묻어라

한중 시내에서 서북쪽으로 5킬로미터쯤 가면 면현勉縣의 정군산定軍山이 나온다. 유비가 익주를 차지한 뒤 북쪽으로 위나라 군대를 물리쳐 확보한 곳이다. 이때 유명한 정군산 전투가 펼쳐졌다. 당시 유비 측에는 백발의 노장 황충이 있었고, 조조 측에는 최고 무장인 하후연이 있었다. 노장 황충은 늘 그랬듯 선두에 서서 하후연의 정예병을 격파하고 대장 하후연까지 베어버림으로써 승리를 거두었다. 그리하여 정군산은 유비의 땅이

제갈량의 무덤 무후묘武侯墓(맨 위)와 입구(위).

되었다.

이후 234년, 오장원에서 제갈량이 54세를 일기로 병사하는데 이때 유언을 남긴다.

"내가 죽거든 정군산에서 장사 지내고, 일체의 부장품을 넣지 말라."

산에 분묘를 만들되 무덤은 관을 넣을 만큼만 파고, 평복으로 염하라는 말도 잊지 않았다.

후임 황제 유선은 제갈량의 영구 행렬을 친히 호송해 정군산에서 장사 지낸 뒤 충무후라는 시호를 내린다.

소화고성

손권과 주유, 제갈량, 조조 등 온갖 주연급 배우들이 활개 친 적벽전 이후 유비는 형주를 차지한다. 그리고 서서히 익주 땅, 지금의 사천성을 넘보기 시작한다.

"익주, 그 노른자위 땅을 얼른 먹어치워야 합니다."

방통과 제갈량은 계속 주장하고 유비는 적당히 덕을 베푸는 것 같은 제스처를 취한다. 알고 보면 간교하기 짝이 없는 유비. 그러다 212년 익주의 유장과 전쟁을 벌인 뒤, 214년 유장의 항복을 받아내고는 성도에 입성한다. 비록 내키지 않는 듯 시간을 끌긴 했지만 결국 같은 유씨가 경영하던 익주를 '홀라당' 먹어치운 것이다.

이 과정에서 유비가 서둘러 익주를 공격하지 않고 기다리면서 백성의 인심을 얻으려 한 근거지가 바로 소화성昭化城이다. 인심은 인심대로 얻고, 한편으로는 군대를 훈련시키고 식량과 마초를 비축한 것이다. 겉으

촉한이 흥성한 소화고성 유적.

로는 덕을 내세우면서 뒤에서는 전쟁 준비를 착착 진행하다 마침내 노골적으로 익주의 정권과 그 영토에 대한 욕심을 드러낸 것. 그렇게 한 황실의 부흥을 부르짖었으면서 정작 같은 유씨의 땅을 탈취했으니, 그는 간특한 정치가였을 뿐이다. 조조가 아니라 유비가 말이다.

유비가 죽은 후 제갈량이 북벌 전쟁을 위해 수시로 오간 곳도 이곳이고, 제갈량 사후에 승상직을 맡은 비위가 승상부를 세운 뒤 강대국 위나라의 대군을 방어한 곳도 이곳이다. 중국 역사에 '촉한은 소화에서 흥하고, 검각에서 망한다[蜀漢興于昭化亡于劍門]'는 말이 있는데, 촉한이 흥성한 그곳이 바로 소화고성이다. 소화고성은 사천성 북부 광원廣元 외곽에 있다.

사천성이 자랑하는 삼국시대 역사 유적답게 이곳에는 오랜 시간이 흐른 지금도 삼국시대의 여러 흔적이 남아 있다.

장비가 마초와 싸운 곳

유비가 공격해오자 익주의 유장은 영토를 떼어주겠다는 조건으로 한중의 장로에게 구원을 요청한다. 장로가 이에 호응해 유비 군의 후방을 친다. 이때 등장하는 장수가 마초馬超다. 〈소설 삼국지〉에는 이 전투에서 마초와 장비가 하루 종일 싸움을 벌이는 대목이 나온다. 아무리 싸워도 결판은 나지 않고, 날이 저물자 아예 횃불까지 밝혀놓고 계속 싸웠다. 초기의 권투 시합은 라운드의 제한 없이 한쪽 편이 KO될 때까지 경기를 계속했다는데, 장비와 마초가 꼭 그랬다. 당대 최고 무장들이 수십, 수백 합을 겨루어도 결판이 나지 않았다니, 두 사람의 무예는 어느 정도 수준

소화고성 성문 앞. 마초와 장비가 용호상박의 싸움을 펼쳤다는 곳이다.

이었을까? 아무튼 이 대목에 이르러 독자들은 감탄할 수밖에 없다. 결국 제갈량이 나서서 마초의 무예를 높이 평가하며 싸움을 말리고, 이어 신출귀몰한 계략을 써서 마초가 유비 쪽으로 귀순하도록 만든다.

마초와 장비가 치열한 무승부 싸움을 펼쳤다는 그 현장이 지금도 소화고성 성문 밖에 있다. 널찍한 마당이 정말 싸우기 좋게 펼쳐져 있다. 하지만 이 전설적인 결투 역시 애초에 벌어진 적이 없다.

마초는 서량(지금의 섬서성, 감숙성 일대) 태수 마등의 아들이다. 마등이 조조에게 암살당하자 마초가 군사를 일으켜 복수에 나서지만, 그 역시 조조에게 패한 뒤 한중의 장로에게 몸을 의탁하게 된다. 그러던 중 유비가 익주를 공격하자 마초는 은밀히 유비에게 서신을 보내 투항한다. 장비와 무공을 겨룬 일 따위 없었다. 나관중의 상상력이 만들어낸 허구에 지나지 않는다. 다만 소설에서처럼 역사 기록에서도 마초는 유비에게 좋은 대접을 받는다. 마초가 관우, 장비, 황충, 조자룡과 함께 촉한의 오호대장으로 임명된 것은 그의 무공도 무공이지만 모친이 강족羌族인 데다 서량 출신인 그를 우대함으로써 그 지방의 민심을 아우르기 위한 정치적 배려였을 것이다.

칼의 문, 난공불락의 관문

광원을 떠나 검문관劍門關으로 향한다. 광원에서 직선 거리로 32킬로미터 남쪽, 검각현에서 동남쪽으로 8킬로미터 거리에 검문관이 있다. 도대체 지형이 어떻게 생겼기에 '칼의 문'이란 이름이 붙었을까.

광원에서 사천의 성도 방향으로 가면 검문관 부근에 이르러 험한 산이 가로막는다. 72개의 봉우리가 동서로 길게 늘어서 있는 대검산大劍山이다. 이 산의 북사면은 깎아지른 절벽으로 마치 사천성을 보호하듯 둘러싸고 있어 도저히 사람이 넘어갈 수 없다. 이 절벽 중간에 V 자 모양으로 푹 파인 계곡을 사람들은 '검문劍門'이라 불렀다. 그리고 그 위에 성루를 쌓아 전략적 요충지로 삼았으니, 이곳이 바로 검문관이다. 이곳 외에는 달리 우회할 만한 길이 없는 데다 좁은 통로 하나만 뚫려 있는 까닭에 소수 병력으로도 대군을 저지할 수 있는 천혜의 지형 조건을 갖추었다. 그래서 예로부터 검문관을 두고 '한 사람이 지키면 만 명을 막아낸다[一夫當關 萬夫莫開]'고 했다.

북벌 원정 당시 제갈량은 군대를 이끌고 이 길을 통과했다. 눈 밝은 제갈량이 이곳을 예사로 지나쳤을 리 없다. 그는 이곳에 성루를 지은 뒤 군

제갈량의 북벌을 그린 부조. 제갈량이 칼이 아닌 부채를 들고 병사들을 지휘하고 있다.

최후까지 검문관을 사수한 강유의 이름을 딴 강유천姜維泉.

거대한 바위 병풍을 배경으로 제갈량 석상이 우뚝 서 있다.

제갈량 석상. 지략가라기보다 무장다운 모습이다.

량을 조달하고 병사를 조련하는 곳으로 활용했다. 그러나 제갈량이 죽고 촉한의 운명이 기울자 종회鐘會가 이끄는 위나라의 10만 대군이 진군해 왔다. 이때 촉한의 장수 강유는 병사 2만을 데리고 결사적으로 검문관을 방어했다. 검문관이 어떤 곳인가. 한 사람이 만 명을 막을 수 있는 곳이 아닌가. 역시나 강유의 군대는 검문관에서 종회의 군대를 막아냈다.

그러나 강유의 필사적인 저항에도 불구하고 촉한은 결국 항복하고 만다. 종회와 함께 촉한 정벌에 나선 등애鄧艾의 결사대가 음평陰平 샛길을 뚫고 진격해 성도를 압박한 것이다. 이때 제갈량의 아들 제갈탄마저 전사하자 황제 유선은 두 손을 들고 만다. 이로써 난공불락의 관문인 검문관도 비로소 열리게 된다. 전투가 아닌 정치적 결정에 의해 열린 것이다.

검문관 위 깎아지른 절벽 꼭대기에 오르려면 검문관 입구에서 2시간

검문관 관루. '한 사람이 지키면 만 명을 막아낸다'는 말을 실감케 한다.

30분 정도 산행을 해야 한다. 칼등을 아래로, 칼날을 위로 세운 듯한 거대한 암벽 병풍을 감상하려면 그 정도 고생쯤은 감수해야 한다. 게다가 산길 초입에 삼국시대의 상징물이 안내인처럼 늘어서 있어 지루하지 않게 오를 수 있다.

가는 길에 검문을 통과하고 있는 유비의 석상도 보인다. 유비가 처음 이곳을 통과한 것은 유장의 익주를 집어삼키기 전이다. 그때 유비는 남에서 북으로 검문을 통과해 한중으로 넘어갔다. 거기에 자리 잡은 뒤 결국 이 검문을 다시 통과해 익주를 삼킨 것이다.

석상을 몇 개 지나면 검문관 관루關樓가 나타난다. 이 관루는 1,000년 가까이 자리를 지켜오다가 1935년 천섬공로川陝公路(사천성과 섬서성을 잇는 108번 국도)를 뚫으면서 석비 하나만 남긴 채 완전히 없어졌다고 한다.

1992년, 원래 있던 그 자리에 관루를 복원했으나 2008년 사천성 지진으로 또 한 번 크게 훼손됐다. 다시 수리해서 지금은 새 건물처럼 말짱하다.

비운의 천재 방통

〈소설 삼국지〉가 배출한 천재로 와룡臥龍과 봉추鳳雛가 있다. 와룡, 즉 '엎드린 용'은 제갈량, '어린 봉황' 봉추는 방통龐統의 별명이다. 엎드려 있으니 이제 남은 일은 일어나 하늘로 오르는 것뿐이요, 아직 어리지만 이제 곧 날개를 펼치게 될 거라는 얘기다. 두 사람 모두 놀라울 정도로 총명하고 지혜로웠기에 이런 별명을 얻었을 것이다. 그 별명처럼 두 사람은 훗날 대업을 이룰 인재로 성장하게 된다.

검문관을 떠나 남쪽으로 길게 난 고속도로를 타고 3시간 정도 달리며 방통을 음미해본다. 제갈량의 학우이자 경쟁자이면서 가끔 비교 대상이 되기도 하지만, 무엇보다 '비운의 천재'라는 이미지로 다가오는 인물이 방통이다.

고우영의 〈만화 삼국지〉에서 묘사한 것처럼 방통은 외모가 참 못생겼다. 그래서 더더욱 그의 재능이 빛나 보이는 걸까. 방통은 학문이 깊고 지략이 출중해 유비의 인재 풀 중 제갈량에 버금가는 책사로 등장한다.

〈역사 삼국지〉에서 방통은 형주의 작은 마을 뇌양현耒陽縣의 현령이었다. 방통이 직무 태만으로 파면되자 그의 재능과 가능성을 익히 알고 있던 오나라의 노숙魯肅이 유비에게 그를 중용하라고 추천한다. 당시만 해도 오나라는 유비 진영과 밀접한 동맹 관계였고, 노숙이 이미 손권에게 방통을 추천했지만 별 반응이 없자 동맹군인 유비 쪽에 추천한 것이다.

제갈량 역시 동문수학한 방통이 일개 현령직에는 맞지 않는다며 유비에게 그를 중용하도록 권한다. 그리하여 방통을 만나본 유비가 그를 중용했고, 나중에는 제갈량과 동급인 군사중랑장에 임명한다.

방통은 형주만으로는 대사를 도모하기 어려우니 유장이 다스리고 있는 익주, 오늘날의 사천성을 취해야 한다고 주장한다. 이때 제갈량은 형주에 남아 이미 확보한 형주를 관리하고 방통은 유비의 근거지를 확충하는 임무를 띠고 함께 출병했으니, 제갈량과 방통은 실로 유비 진영의 두 기둥이었던 셈이다. 하지만 방통은 익주로 진군하던 중 적의 화살에 맞아 36세의 나이로 전사하고 만다. 자신의 공을 확실히 마무리하지도 못한 채……

그럼 이제 역사가 아닌 〈소설 삼국지〉의 방통을 만나보자.

유비가 제갈량을 만나기 전, 아직 당당한 군벌로 일어서지 못한 채 이리저리 밀려다니던 시절에 유표의 처남 채모의 암살 기도에 걸렸다가 겨우겨우 도망친다. 어렵사리 채모의 추격을 벗어난 유비는 형주의 명사 사마휘를 만나게 된다. 이때 사마휘는 유비에게 이렇게 말한다.

"와룡과 봉추, 둘 가운데 하나만 얻어도 천하를 얻을 수 있다."

유비의 인재 풀에 관우와 장비 같은 무장은 있으나 전략적 사고를 할 수 있는 참모가 없다는 취약점을 지적하는 동시에, 자신의 제자 가운데 가장 총명한 두 사람을 추천한 것이다. 이 대목에서 독자들은 드디어 유비 진영이 새로운 전기를 맞겠다는 기대감이 부풀어오르기 시작한다. 그 뒤 유비는 또 한 번 제갈량을 영입하라는 조언을 듣는다. 유비를 떠나 조조의 진영으로 끌려가던(이 대목 역시 허구지만) 서서徐庶가 제갈량을 유비에게 추천한 것이다. 마음을 정한 유비는 결국 삼고초려 끝에 제갈량을 얻게 된다.

유비의 책사가 된 제갈량은 그때부터 〈소설 삼국지〉의 주인공답게 판타스틱 원맨쇼를 펼치기 시작한다. 손권의 책사들과 논쟁을 벌이고 주유를 화나게 해서 오나라와 동맹 관계를 맺고 조조의 대군을 상대로 벌인 적벽전에서 화살 10만 개를 공짜로 얻어오는가 하면 주유의 화공이 성공하도록 바람의 방향까지 동남풍으로 바꾼다. 심지어 조조를 막다른 골목으로 몰아넣어 관우와 맞닥뜨리게 하기도 한다. 이렇듯 온갖 판타지를 동원해 제갈량이 슈퍼

고우영의 〈만화 삼국지〉에서 묘사한 방통. 학문이 깊고 지략이 출중해 유비의 인재 풀 중 제갈량에 버금가는 책사로 등장한다. ©2012, 고우영 화실

스타의 명성을 쌓아가는 동안 방통은 뭘 했을까? 방통은 조조가 자신의 배를 전부 쇠사슬로 엮게 하는, 이른바 연환계連環計에서 빛나는 조연 역할을 수행한다.

적벽전 이후 형주를 취한 유비는 드디어 군웅의 면모를 갖춰가기 시작하는데, 이때 제갈량의 추천서를 받은 방통이 유비 진영에 찾아온다. 하지만 이때 방통은 제갈량의 추천서를 내놓지 않은 채 면접을 한다. 그리하여 방통의 진면목을 보지 못한 유비는 그를 뇌양현 현령이라는 한직에 임명하고 만다.

방통, 일할 맛이 나겠는가? 허구한 날 술만 먹고 업무는 뒷전이다. 이 사실을 알게 된 장비가 냉큼 달려가 호통을 치자 방통이 대답한다.

"이 작은 마을 일이야 한나절만 하면 다 끝낼 수 있소."

그러고는 장비가 보는 앞에서 산더미처럼 쌓인 일을 처리해나가기 시작하는데, 실로 엄청난 능력을 보여줬다. 장비가 곧장 달려가 이 사실을 보고하자 유비는 "내가 사람을 제대로 알아보지 못했구나!"라고 자책하

'봉황이 난다'는 뜻의 봉비鳳飛(왼쪽)와 '봉황이 떨어진 언덕' 낙봉파 표지석(오른쪽). 봉추는 크게 한번 날아보지도 못하고 36세에 전사했으니 이 말은 비극적 아이러니다.

며 방통을 불러들인다. 그렇게 유비 곁으로 오게 된 방통은 당장 익주를 취하자며 전략을 꺼내놓는다.

유비는 같은 유씨인 유장의 땅을 취하는 것은 덕이 아니라며 머뭇거리지만, 결국엔 속내를 드러내고 익주를 취하기 위해 출병한다. 그런데 행군 도중 작은 사고가 발생한다. 방통이 말에서 떨어진 것이다. 그러자 유비는 자신의 백마를 방통에게 내준다. 그렇게 다시 행군하다 낙봉파落鳳坡라는 곳을 지나게 된다. 낙봉파의 뜻을 풀어보면 '봉황이 떨어진 언덕'. 아니나 다를까, 적의 기습이 시작된다. 적은 백마를 탄 사람이 당연히 유비라 생각하고 소나기처럼 화살을 쏘아대고, 이 공격으로 방통은 목숨을 잃고 만다. 봉추, 어린 봉황이 낙봉파에서 떨어진 것이다.

땅 이름 자체가 이미 그의 죽음을 예고한 비운의 천재, 그는 역사 속 방통이 아니라 '소설 속 방통'이다. 실력은 제갈량 못지않았지만 외모가 따라주지 않은 슬픈 조연, 결국 〈소설 삼국지〉라는 대하드라마의 주인공 제갈량을 빛내주는 조연 역할로 퇴장한 캐릭터다. 소설이든 역사든, 외모 역시 중요한 경쟁력인 건 어쩔 수 없는 모양이다. 만일 방통의 외모

가 '훈남'까지는 아니더라도, 최소한 비
호감만 아니었던들 그렇게 허무하게 퇴
장하지는 않았을 것이란 생각은 지나친
것일까.

한정후. 방통이 전사한 뒤 유비가 그
에게 내린 시호다.

검문관에서 3시간을 달린 끝에 닿은
도시 덕양. 여기 백마관白馬關이란 곳에
방통사묘龐統祠墓(방통의 사당과 묘)가
있다. 백마관은 한나라 때부터 익주와
농서를 잇는 군사 요충지였다. 원래 이
름은 이 근처 산 이름을 따 녹두관鹿頭
關으로 불렸지만, 〈소설 삼국지〉의 인기에 힘입어 '방통이 탄 백마'를 뜻
하는 백마관이 되었다.

방통사묘는 방통이 죽은 이듬해에 지었다. 그러나 이후 수많은 전란으
로 파괴되고 중수하기를 반복했다. 지금의 백마관과 방통사묘는 1996년
에 대대적으로 보수한 것이다.

여러 비석을 지나 오솔길을 따라 조금 올라가면 '낙봉파' 표지석이 나
온다. 방통의 죽음을 더욱 극적으로 만들어준 지명이다. 그러나 원래 이런
지명이 있었던 게 아니라 소설적 장치로 생겨난 것이다. 또 그 옆 언덕에
는 방통의 혈묘血墓가 있다. 방통이 피를 뿌리며 죽은 자리라는 얘기다.

〈소설 삼국지〉 독자라면 누구나 한 번쯤은 이런 생각을 해봤을 것이
다. 만일 방통이 죽지 않고 제갈량과 함께 유비를 오래도록 보좌했다면
어땠을까? '둘 중 하나만 얻어도 천하를 얻을 수 있다'고 한 그 두 사람이
나란히 앉아 뛰어난 슈퍼컴퓨터를 열심히 굴렸다면?

글쎄, 유비의 촉한이 삼국을 통일할 수도 있지 않았을까? 어릴 때 〈만

백마관 입구.

백마관 관루. 이
곳 안쪽에 방통
사묘가 있다.

방통의 묘.

방통사묘 앞 광장. 금우고역도가 이어지는 패방.　금우도. 가운데 일자로 길게 파인 것은 당시 외바퀴 수레가 지나가면서 만든 흔적이다.

화 삼국지〉를 보면서 떠올린 유치한 상상이 중년에 이르러서도 여전하다. 쯧쯧, 방통은 왜 그렇게 빨리 죽었을까…….

　방통사묘가 있는 백마관은 남으로 익주에서 북으로 장안에 이르는 금우도金牛道가 정문을 통과하고 있다. 금우도는 기원전 300년경 당시의 촉과 장안을 연결했고, 이후 대륙의 통신망인 역도驛道(역참을 잇는 길)로서 제 역할을 톡톡히 해왔다. 그래서 이 길을 금우고역도金牛古驛道라고도 한다. 폭 1.5미터 정도의 길 중간에는 수레가 지나가면서 남긴 바퀴 자국이 길게 이어져 세월의 흔적을 느낄 수 있다. 바퀴 자국이 두 개가 아니라고? 당시 대부분의 수레는 바퀴가 하나였다.

주군과 신하가 나란히

제갈량의 구상에 따라 혼란한 정국을 삼국으로 나누어 천하의 패권을 노리기 위해 전략적으로 차지한 익주 땅, 드디어 사천성 성도로 들어섰다.

마침 출출할 때여서인지 온통 장비우육張飛牛肉이란 글씨가 눈에 들어온다. 버스터미널에서부터 길거리 곳곳에 장비우육이 즐비하다. 성도의 특산품이라고 하지만 뭔가 이상하지 않은가? 장비는 원래 돼지를 잡아서 팔던 백정이었는데 웬 소고기?

그래서 가게에 들어가 물어본 결과, 흥미로운 일화 한 토막을 만나게 되었다.

장비가 파서군巴西郡을 지키고 있을 무렵, 위나라 장합의 군대가 쳐들어왔다. 이 전투에서 장비는 특유의 힘과 무공이 아닌 계략을 써서 크게 물리쳤다고 한다. 거짓으로 술에 취한 척해 장합이 방심하게 한 뒤 기습 공격으로 승리했다는 것이다. 술 좋아하고 힘만 쓸 줄 알던 장비가 지략으로 대승을 거두자 유비는 크게 기뻐하며 술 50항아리를 내렸다. 이에 장비가 소고기로 음식을 장만하게 하여 장수와 군졸을 배불리 먹였는데 이때 먹은 소고기가 바로 장비우육이란다. 물론 정사에서는 찾아볼 수 없는 이야기다.

사실 나관중이 〈소설 삼국지〉로 편찬하기 이전 평화平話에서는 장비가 전반부의 주인공에 가까웠다고 한다. 저잣거리에서 한 사람이 설서說書로 연출하기에는 장비의 캐릭터가 적합했기 때문이다. 하긴 성격이 괴팍하고 성질이 급한 데다 무예도 출중하니 한 사람이 1인 연기로 보여주기에 그만한 인물도 없었을 것이다.

그러나 〈소설 삼국지〉가 대세로 자리 잡으면서 힘만 세고 어리석은 장비는 그저 유비의 덕을 빛내주고 관우의 충忠을 돋보이게 하는 보조적 캐릭터로 밀려날 수밖에 없었다. 역사 속에서는 어땠는지 몰라도 〈소설 삼국지〉의 변천사에서 장비는 조조 다음으로 억울한 인물인지도 모른다.

어찌됐건 성도를 찾은 목적이 장비우육은 아니니 계속해서 걸음을 옮

장비우육을 파는 상점(왼쪽)과 장비우육(오른쪽). 장비우육은 사천 특유의 매운맛으로 조미한 소고기다.

긴다. 이곳 성도는 유비가 나라를 세운 곳이자 죽어서 묻힌 무덤이 있는 곳이다. 그런데 유비의 무덤을 보려면 제갈량의 사당인 무후사武侯祠로 직행해야 한다. 왜일까?

무후사는 제갈량 사후에 내린 시호 '충무후'에서 따온 사당의 명칭이다. 그래서 이곳 성도뿐 아니라 전국 각지에 제갈량을 기리는 사당은 대부분 무후사라는 명칭을 사용한다. 그 많은 무후사 가운데 으뜸이 바로 성도의 무후사다. 그런데 성도의 무후사에는 제갈량의 사당만 있는 것이 아니다. 특이하게도 이곳은 황제와 신하의 사당이 함께 있는 유일한 곳이다. 신하 제갈량의 사당과 황제 유비의 무덤인 한소열묘漢昭烈廟가 한 공간에 있는 것이다. 남향으로 앞쪽에 군주였던 유비의 한소열묘가 있고, 그 뒤에 무후사가 있다. 군신합묘君臣合廟, 곧 군주와 신하를 한곳에 모신 것 자체가 제갈량에 대한 후세의 '후한 대접'이라 할 수 있다. 또 이곳을 통틀어 무후사라 부르는 것 역시 유비보다는 제갈량에 대한 호감을 반영한 것이다. 하다못해 이 무후사 앞을 지나는 큰길마저 '무후사대로'다. 유비는 건축상 평면 배치에서만 제갈량의 앞자리를 차지했을 뿐, 실제로는 제갈량에게 밀려난 셈이다.

무후사 입구. 입구의 편액에는 '유비의 사당'이란 뜻으로 '한소열묘'라고 쓰여 있다. 그리고 정문 옆에 '무후사'라고 새긴 작은 간판이 따로 걸려 있다.

무후사의 내력은 이렇다. 유비가 백제성에서 병사하자 이곳 성도로 운구해 장사를 지내고 혜릉惠陵을 지어 묻었다. 그리고 제갈량이 죽은 지 70년이 지난 304년, 혜릉에서 멀지 않은 곳에 무후사를 지었다. 그런데 명나라 때, 신하인 제갈량의 무후사가 군주인 유비의 혜릉과 나란히 있어서는 안 된다는 주장이 제기돼 무후사를 동쪽으로 옮겨 지었다고 한다. 그러다 명나라 말기에 무후사에 화재가 나서 전소되자 청나라 강희제 때 무후사와 한소열묘를 다시 지은 것이 오늘날 성도의 무후사다.

〈소설 삼국지〉, 즉 『삼국지연의』의 주인공은 누가 뭐래도 제갈량이다. 인간의 능력을 넘어서는 신묘한 계책, 사람을 보면 그 속뿐 아니라 미래까지도 읽어내는 달통한 지혜, 진법은 물론이고 풍수부터 천문, 점술에 이르기까지 모든 분야의 지식을 아우르는 박학다식, 가벼운 부채 하나 들고 대군을 지휘하는 멋과 여유로움, 비록 일인자는 아니지만 일인자를 보필해 진정한 일인자로 떠받드는 겸손과 절제, 그리고 누가 봐도 아름다운 충심…….

그래서 오늘날까지 제갈량은 만인의 사랑을 받고 있으며, 충성으로 대를 이은 그의 아들과 손자까지 더불어 추앙하고 있는 것이다.

도원결의 삼형제

유비는 인복이 정말 많은 사람이다. 살아서도 죽어서도 곁에 꼭 누군가가 있다. 유비의 묘가 있는 이곳에 제갈량의 사당이 있고, 도원결의를 기리는 삼의묘三義廟가 있고, 관우와 장비의 석상도 함께 있다. 유비 · 관우 · 장비, 각기 태어난 날은 달라도 죽는 날은 같이하자는 이들 의형제의 도원결의를 기반으로 결국 유비가 황제가 되었으니 성공적인 결의라 할 수 있겠다. 거기에 소설적 각색과 허구를 아름답게 입혀 오늘날까지 빛나고 있다.

처음 유비 · 관우 · 장비가 만났을 때는 그야말로 '형편 무인지경'의 상태였다. 지푸라기로 돗자리나 짚신 따위를 꼬아 연명하던 유비, 고향에서 살인을 저지르고 이름도 수시로 바꿔가며 타향으로 도주해온, 그래서 성이 관씨인지도 명확하지 않은 관우, 그리고 돼지를 잡아 돈을 벌던 성질 더러운 백정 장비. 이 가운데 장비만 약간 돈을 벌고 있었을 뿐, 시장통 뒷골목에서 얼쩡거릴 수밖에 없는 '똘마니 삼형제'에 지나지 않았다.

마침 황건적의 난을 진압하기 위한 의병을 모집할 때 셋은 우연히 만나 의기투합한다.

"유비 · 관우 · 장비가 비록 성은 다르나 이미 의로 맺어 형제가 되었으

도원결의를 기리는 삼의묘. 유비, 관우, 장비가 도원桃園에서 한 날 한 시에 죽기를 하늘에 맹세하며 대의를 위해 의형제를 맺었다는 도원결의는 중국의 의형제 문화의 상징이다.

니, 마음과 힘을 합해 곤란한 사람들을 도와 위로는 나라에 보답하고 아래로는 백성을 편안케 하려 하니······."

이 대목에서 좀 다른 해석도 있을 것 같다. 사실 황건적은 황제를 비롯한 기득권층 입장에서 볼 때만 '적'이고 '난'이었지 그 내용은 농민반란, 즉 민중봉기였다. 권력의 무능과 부패가 극에 달해 농민이 죄다 굶어 죽고 병들어 죽어나가는 상황에서 더 이상 참지 못해 들고일어난 것이 황건적의 난이다.

중국에서는 〈삼국지〉 드라마나 영화가 시작될 때 '황건적이 난을 일으켜 세상을 어지럽히고······' 이런 식으로 시작하지 않는다. 난이 아니라 '황건기의黃巾起義'라는 말로 시작한다. 기의란 '정의의 이름으로 일으킨 봉기'라는 말이다.

이렇게 볼 때 유비·관우·장비가 난을 평정하기 위해 나선다는 것은 엄밀히 말해 '백성을 편안케 하려 함'이라기보다, 이참에 공을 한번 세워보자는 속셈과 다를 바 없다. 실제로 당시 사회상과 전란의 흐름을 보면 유비 삼형제는 '용병 집단' 수준에서 크게 벗어나지 않았다. 이후 그들은

삼의묘 뒷마당에 전시한 장비·유비·관우 석상. 중국의 유명 조각가 엽육산 교수가 사천성 각지에서 채굴한 세 가지 색 바위에 조각한 작품이다.

상황에 따라 이쪽에 몸을 의탁하다 저리로 도망가 다른 밥줄을 찾는가 하면, 밥값을 하기 위해 전장에 나가 싸우기도 한다. 그러면서 조금씩 자립 능력을 갖춰간 용병 집단, 즉 군벌로 나설 기회를 노리는 지난한 과정이 바로 『삼국지』 초기 그들의 인생이었다.

특히 유비의 행적을 보면, 조조를 죽이자고 모의하고는 요리조리 눈치만 살피다 혼자 도망쳤다. 전장에서 자식을 버린 적도 있다. 이렇게 고난과 실패와 도주를 반복하다 새로운 기회를 만들어낸다. 제갈량이라는 유능한 책사를 기용한 것이다. 그리하여 적벽전 이후 형주를 장악하고, 이를 기반으로 익주까지 손에 넣어 촉한을 세운다. 이른바 '동시다발성 다자간 전란'이 전국을 휩쓸던 상황에서 대륙의 세력 구도를 3강으로 재편하는 데 성공해 마침내 삼국정립을 이루었다. 그리고 유비 스스로 황제라 칭했으니, '시장통 뒷골목 똘마니' 수준에서 출발한 그들의 결의가 '영토는 작지만 힘으로는 3강의 하나'가 되는 굉장한 성공을 한 것이다. 조금도 저평가할 수 없는 당당한 성취다.

그러나 결말이 아쉽다. 유비의 촉한이 삼국 가운데 가장 약소국이라는 한계를 끝내 뛰어넘지 못했다는 점은 그렇다 치더라도, 도원결의 삼형제 개개인의 '인생 마무리'도 못내 아쉽기만 하다. 관우는 오만이 흘러넘쳐 동맹국과 갈등을 일으킨 결과 오나라에 옆구리를 공격당해 목이 잘렸고, 무리하게 관우의 복수를 독려하던 장비는 제 침상에서 부하에게 암살당하고 만다. 그런가 하면 백전노장이자 황제인 유비는 촉·오 연합이라는 국가 전략도 파기한 채 국력을 고려하지 않고 무리한 전쟁을 벌이다 애송이로 여긴 오나라 육손에게 대패한 뒤 굴욕적인 철군과 병사病死로 이어지는 씁쓸한 최후를 보여준다. 물론 세 사람 모두 나이로 치면 살 만큼 살았지만, 죽음의 모양새 자체는 처음 출발한 '시장통 똘마니 수준'을 크게 벗어나지 못한 것이다.

그럼에도 이들 삼형제의 존재는 〈소설 삼국지〉의 정서적 기반을 굳게 형성하고 있으며 오늘날까지 '의리'라는 남성의 영원한 로망을 매력적으로 충족해준다. 대륙 통일이라는 야망이야 어차피 하늘의 뜻이 함께해야 가능한 일. 어렵고 힘든 젊은 시절 저잣거리에서 만나 원대한 약속을 하고, 평생 의리와 약속을 훼손하지 않은 채 각자의 삶을 마무리했다는 점에서 유비·관우·장비의 족적은 그 자체로 독자들에게 꿈과 추억으로 남게 된 것이리라.

그러나 의리는 수단이나 방법이지 목적은 결코 아니다. 의리는 '무엇을 위한 의리'인지가 훨씬 중요하다. 의리란 말에 정의보다 조폭이란 말이 먼저 떠오르는 것은 필자만의 고정관념일까.

전장에서 비켜 꽃길 사이로

제갈량 유적에서 잠시 갓길로 빠져나와 평화로운 시골길을 걸어본다. 역사는 어제의 어제, 또 그 어제의 어제가 차곡차곡 쌓인 채 소리 없이 아우성칠 뿐이지만 오늘은 그저 오늘일 뿐이다. 골목길에는 골목길의 오늘이 있고, 밭에는 밭의 오늘이 조용히 살아 있다. 길가의 들꽃도 제각각 오늘 몫의 빛을 열심히 발하고 있다.

두보초당 앞에서

성도에 머문 마지막 날 줄곧 비가 내렸다. 무후사를 나선 뒤에도 걸음은 여전히 길 위에 있었고, 추적추적 빗소리에 이끌려 두보초당杜甫草堂을 찾았다.

　당나라 시인으로 후세 사람들에게 시성詩聖이란 칭호까지 받으며 추앙받고 있지만 정작 두보 자신의 인생은 참으로 고단했다. 비록 '국가불행 시인행國家不幸詩人幸'이란 말로 스스로 위로해보기도 했지만, 개인과 국가와 민족의 고난을 온몸에 짊어지고 시를 써야 했던 그의 삶은 불행 그 자체였다. 전란의 소용돌이 속에서 이렇다 할 돈벌이도 없이 가족을 데리고 천하를 떠돌며 방랑한 그가 잠시 머물러 산 곳이 이곳 성도다. 여기서 그는 오랫동안 흠모해 마지않은 제갈량의 사당을 찾아 「촉상蜀相」이란 시를 지었다.

　두보초당의 비 내리는 연못가에 앉아 그 시를 읽어본다.

촉상蜀相

승상의 사당을 어디서 찾으리[丞相祠堂何處尋]

금관성 밖 측백나무 우거진 곳이네[錦官城外栢森森]

섬돌에 비친 풀빛은 봄기운 가득하고[映階碧草自春色]

잎사귀 사이로 꾀꼬리 울음소리는 속절없이 곱구나[隔葉黃鸝空好音]

삼고초려 이래 숱한 천하의 계책 내고[三顧頻繁天下計]

두 대에 걸쳐 늙은 신하의 마음 바쳤네[兩朝改濟老臣心]

출사하여 이기지 못한 채 몸이 먼저 스러지니[出師未捷身先去]

길이 영웅의 옷깃 눈물로 적시네[長使英雄淚滿衿]

두보 동상.

두보 초당의 비 내리는 연못가.

에필로그

새로운 삼국지 기행을
기다리며

우리에게 〈소설 삼국지〉는 필독서다. 초 · 중 · 고교를 거치는 동안 부모가 권하는 청소년 필독서로 『삼국지』를 접한 뒤에도 계속해서 새로운 버전으로 출간되는 여러 『삼국지』를 만나게 된다. 일본에서는 『주간 삼국지』라는 정기 간행물이 나올 만큼 『삼국지』라는 콘텐츠는 중국을 넘어 지금도 새롭게 재해석되고 재평가되고 있다. 또 그만큼 보는 시각에 따라 많은 화제와 논쟁을 낳기도 한다.

운명적으로 세계 무대에서 살아가야 하는 한국인, 특히 중국이란 무대를 피해갈 수 없는 한국인은 이 콘텐츠를 음미하고 분해하고 재구성해보면서 한 번쯤 자기 시각으로 정리해볼 필요가 있다.

다행히 『삼국지』는 소설로서 너무나 재미있다. 그 이유를 한 가지만 꼽아보면 '삼각 구도'를 들 수 있다. 전국이 군웅을 중심으로 흩어졌다가 셋으로 압축되는데, 이 구도는 도저히 평화롭게 공존할 수 없는 다이내믹

한 메커니즘을 갖추고 있다. 분명히 둘 다 나의 적이지만 그중 하나와 연합해야 다른 하나를 거꾸러뜨릴 수 있는, 그러나 파트너가 배반하면 역으로 내가 먼저 칼을 맞아 죽게 되는 기묘한 구조가 아닌가.

그러나 『삼국지』에는 소설적 재미 외에 또 다른 문화적 요소가 숨어 있다. 〈소설 삼국지〉가 〈역사 삼국지〉의 기본 골격과 인물을 전면적으로 차용함으로써 다른 소설에서는 발견하기 힘든 큰 화두 하나를 제시한다는 점이다. '소설과 역사 사이'가 그것이다. 가령 소설에서 간웅으로 묘사한 조조의 경우, 그의 진정한 업적이 〈역사 삼국지〉에 '숨은 그림 찾기' 식으로 녹아 있어 그 차이를 발견하는 자에게 새로운 재미와 감동을 선사한다. 신의 경지에 이른 지혜의 화신 제갈량 역시 〈역사 삼국지〉에서 만나면, 화려한 판타지 의상을 벗어던진 진정한 충신을 발견할 수 있다.

사실 중국인에게『삼국지』는 소설과 역사가 구분되지 않는, 사실과 판타지가 '한 덩어리'로 얽힌 서사로 각인되어 있지만, 중국과 인접해 살아온 우리에게는 객관적 시각으로『삼국지』의 '소설과 역사'를 구분할 수 있는 여지가 있다. 그 기회를 내 것으로 삼을 때 조금 더 성숙한 독서를 할 수 있다. 이제껏 그래왔듯 앞으로도『삼국지』가 자라나는 청소년의 필독서로 남게 된다면, 더더욱 균형 잡힌 시각이 필요할 것이다.

그런 의미에서 사실과 허구의 사이를 여행하는 삼국지 기행은 앞으로도 계속될 수 있다. 소설이 작가의 상상력에 의해 새로 태어날 수 있듯 여행자의 시선이나 경험에 따라 얼마든지 새로운 관점의 여행이 가능하기 때문이다.

참고 문헌(가나다 순)

『권력전쟁』, 뤄위밍 지음, 김영화 옮김, 에버리치홀딩스, 2011년.
『대쥬신을 찾아서 1, 2』, 김운회 지음, 해냄, 2006년.
『말과 황하와 장성의 중국사』, 니시노 히로요시 지음, 김석희 옮김, 북북서, 2007년.
『박한제 교수의 중국 역사 기행 1, 2, 3』, 박한제 지음, 사계절, 2003년.
『사마천의 인간탐구 난세에 답하다』, 김영수 지음, 알마, 2010년.
『삼국지 그림으로 만나다』, 서성 지음, 천지인, 2010년.
『삼국지 전 4권』, 진수 지음, 김원중 옮김, 민음사, 2007년.
『삼국지 기행 길 위에서 읽는 삼국지』, 허우범 지음, 지식기행, 2009년.
『삼국지연의 전 10권』, 나관중 지음, 김구용 옮김, 솔, 2003년.
『위치우위의 중화를 찾아서』, 위치우위 지음, 심규호·유소영 옮김, 미래인, 2008년.
『유라시아 대륙에 피어났던 야망의 바람』, 박원길 지음, 민속원, 2003년.
『제갈공명 일기』, 츠솽밍 지음, 김윤진 옮김, 국일미디어, 2005년.
『조조 읽는 CEO』, 량룽 지음, 이은미 옮김, 21세기북스, 2009년.
『진시황은 몽골어를 하는 여진족이었다』, 주학연 지음, 문성재 역주, 우리역사연구재단, 2009년.
『쾌도난담 삼국지 죽이기』, 이형근 지음, 페이퍼백, 2009년.
『패의 중국인 양의 중국인』, 가토 도루 지음, 한명희 옮김, 수희재, 2007년.
『황제들의 중국사』, 사식 지음, 김영수 옮김, 돌베개, 2005년.
『흉노제국 이야기』, 장진퀘이 지음, 남은숙 옮김, 아이필드, 2010년.
『圖說天下 三國兩晉南北朝』, 劉德麟 主編, 吉林出版集團, 2008년.
『中國探索地理 三國探秘之美』, 尙游傳媒 編著, 汕頭大學出版社, 2006년.

업성 유지

하북성河北省 한단시邯郸市 임장현临漳县 향채영향香菜营乡 삼태촌三
台村.

하북성 남부 한단을 거쳐 자현磁县까지 가서 삼태촌으로 가는 버
스를 타면 갈 수 있다. 삼태촌 종점에서 가까워 걸어가면 쉽게 찾
을 수 있다. 하남성 수도 정주郑州에서 가려면 북쪽으로 가서 안양安阳으로 간 뒤 자현
으로 가면 된다. 북경北京에서 출발하든 정주에서 출발하든 기차로 감단, 자현, 안양
에서 하차해 버스로 갈아타야 한다.

조승상부

하남성河南省 허창시许昌市 시내.
허창은 정주를 거쳐 가는 것이 무난하다. 정주 공항이 허창과 사이
에 있기 때문에 정주 공항에 내린다면 허창으로 곧장 가야 한다.
조승상부는 허창 시내 한복판에 있어 택시를 타면 된다. 춘추루에서 북쪽으로 직선
거리로 약 600m밖에 되지 않아 춘추루 관람과 연계해서 걸어가도 무난하다.

관공사조처

하남성河南省 허창시许昌市 허계대도许继大道.
허창역에서 3.2km 서쪽에 있어 택시를 타면 된다.

* 여행 정보이므로 지명에 현지의 한자(간체자)를 썼다.

사녹대

하남성河南省 허창시許昌市 허창현許昌縣 진조향陳曹乡 사녹대촌射鹿
臺村.

허창 시내에서 동북쪽으로 30km. 문봉북로文峰北路에서 북쪽으
로 가다가 107번 국도(G107)로 들어서서 10km 정도 간 다음,
220번 지방도(S220)를 탄다. S220을 9km 정도 간 다음 소소향小召乡에서 우회전해 동
쪽으로 시골길을 10km 정도 가면 사녹대촌이 나온다.

택시를 탈 경우 출발 전에 약도나 지명을 보여주어 목적지를 아는지 확인하고, 왕복
요금을 미리 정한 뒤 가야 한다.

시외버스를 이용할 경우 버스터미널에서 허전許田 또는 사녹대촌 행을 타면 된다. 허
전에서 하차한 경우 사녹대까지는 1.7km, 버스 정류장 인근에 있는 '자가용 영업차'
나 오토바이를 개조한 '삼륜차'를 타는 수밖에 없다.

육수대

하남성河南省 허창시許昌市 허창현許昌縣 장판진張潘鎮 동남부.

허창 시내에서 동쪽으로 20km. 허창 시내에서 문봉남로文峰南路
를 타고 남쪽으로 가다가 237번 지방도로 좌회전한 다음 16km
정도 가면 장판전. 이곳 주민에게 정확한 위치를 한 번 더 확인하
고 가면 된다. 택시를 타는 것이 가장 현실적인데 외곽으로 택시를 타고 가는 요령은
위와 같다.

조씨 공원

안휘성安徽省 박주시亳州市 위무대도魏武大道.

박주는 안휘성 서북쪽 끝이기 때문에 안휘성 수도인 합비에서
갈 수도 있지만, 정주를 거쳐 가는 것이 더 편리하다. 만일 허창
에서 박주로 직접 간다면 시외버스를 5시간 정도 타야 한다.

조씨 공원은 박주 시내에 있는데, 박주 역에서 서쪽으로 걸어서 5분 거리다. 택시나
삼륜차를 타거나 지도를 보며 걸어가도 된다. 조씨 공원 안에 조조 기념관이 있다.

조조운병도

안휘성安徽省 박주시亳州市 인민로人民路.
박주 시내에 있어 찾기가 쉽다. 위무대도에서 서쪽으로 0.7km.
현지인은 누구든 잘 알기 때문에 행인에게 물으면 쉽게 찾을 수
있다. 조조운병도는 입구와 출구가 따로 있고 일방통행이다.

대관제묘

안휘성安徽省 박주시亳州市 시내.
택시나 시내버스 모두 편리하다. 현지에서는 화희루花戏楼라고
말해야 쉽게 알아듣는다.

위무고리

안휘성安徽省 박주시亳州市 건안建安소학교 뒤쪽(동쪽) 한적한 마
을 안쪽.
택시를 타고 건안소학교에서 하차한 다음, 동네 주민에게 물어
서 찾아야 한다. 100m 정도 안으로 들어가야 한다.

염제와 황제의 기념 공원

정식 명칭은 '정주 황하풍경 명승구'. 하남성 정주시에서 서북쪽
으로 30km.
정주 시내에서 황하풍경 명승구가 종점인 시내버스를 타면 1시
간 걸린다. 택시를 타도 무난하며, 돌아오는 택시도 많으므로 출
발할 때부터 왕복으로 대절할 필요는 없다.

고융중

호북성湖北省 양번시(양번襄樊 또는 양양襄阳 모두 같은 지명)에서
서쪽으로 13km.
양번시는 호북성 무한으로 가서 기차나 버스를 타고 가야 한다.
양번 역전에서 고융중 가는 버스를 타고 종점에서 내리면 된다.
종점에서는 삼륜차가 많이 있으나 걸어가도 충분하다. 양번 시내에서 택시를 타도
무난하다.

맥적산 석굴

감숙성甘肅省 천수시天水市에서 동남쪽으로 35km.
천수는 섬서성 서안西安을 거쳐 가는 것이 일반적이다. 천수 역
근처나 호텔 등에 맥적산 관광 상품이 많아 편리하다. 버스나 택
시를 이용해도 된다.

오장원

섬서성陜西省 보계시宝鸡市 기산현岐山县에서 남쪽으로 20km.
보계시는 서안을 거쳐 가야 하지만, 서안에서 출발해 오장원에
간다면 보계 시내까지 가지 말고 기산현에서 하차해야 한다. 보
계 시내에서는 택시를 대절해서 가는 것이 무난하다.

석문잔도

섬서성陜西省 한중시汉中市 한태구汉台区 포성진褒城镇.
한중시는 서안을 거쳐서 가는 것이 일반적이다. 기차가 편리하
지만 예매하기 쉽지 않을 수 있다. 새로 고속도로를 개통해 버스
를 타도 좋다. 한중 시내에서 석문잔도 가는 시내버스는 40분 정
도 걸린다. 택시를 타도 괜찮다.

한중박물관

섬서성陜西省 한중시汉中市 한태가汉台街.
시내에 있으므로 택시를 타도 좋고, 지도를 보며 걸어가도 된다.